I0148782

TRENES DE LEVITACIÓN MAGNÉTICA

INNOVANT PUBLISHING
SC Trade Center: Av. de Les Corts Catalanes 5-7
08174, Sant Cugat del Vallès, Barcelona, España
© 2021, Innovant Publishing
© 2021, Trialtea USA, L.C.

Director general: Xavier Ferreres
Director editorial: Pablo Montañez
Coordinación editorial: Adriana Narváez
Producción: Xavier Clos

Diseño de maqueta: Oriol Figueras
Maquetación: Mariana Valladares
Equipo de redacción:
Redacción: Sergio Canclini
Edición: Mónica Deleis
Corrección: Martín Vittón
Coordinación editorial: Adriana Narváez
Ilustración: Federico Combi (págs. 62, 67, 75)
Créditos fotográficos: "Shanghai maglev train" (©Shutterstock),
"Shanghai, June 1, maglev train starts" (©Shutterstock), "Death Valley
California" (©Shutterstock), "Drawn illustration retro" (©Shutterstock),
"Historical steam train on Island" (©Shutterstock), "Leicetershire,
January 2nd 2017" (©Shutterstock), "Diesel locomotive, Talkeetna,
Alaska" (©Shutterstock), "Moscow, Russia, May 5 2018" (©Shutterstock),
"Shanghai maglev train" (©Shutterstock), "Shinkansen bullet train, Japan,
network" (©Shutterstock), "Tokyo, Japan, April 27 2018" (©Shutterstock),
"Tokyo, Japan, April 18 2019" (©Shutterstock), "Sendai, Japan, July 27
2017the e5 series" (©Shutterstock), "Modern high speed train motion"
(©Shutterstock), "Osaka, Japan, Jan 30 2018" (©Shutterstock), "Beijingjune
5 2016 bullet train" (©Shutterstock), "Yichang, China, 11 August
2019" (©Shutterstock), "Tianjin, China, Jul 04 2016" (©Shutterstock),
"Nanning, China, circa November 2018" (©Shutterstock), "Tianjin, China,
September 29 2019" (©Shutterstock), "Nagoya, Japan, November 15
2013" (©Shutterstock), "Mongolia, circa 1979, stamp printed shows"
(©Shutterstock), "Paris, France, June 8 SNCF" (©Shutterstock), "Yamanashi,
Japan, June 12 linear" (©Shutterstock), "Yamanashi, Japan, June 12 linear
motor" (©Shutterstock), "Japan, circa 2000 stamp printed" (©Shutterstock),
"Shizuoka, Japan, May 05 2017" (©Shutterstock), "Maglev Station"
(©Shutterstock), "Train future concept magnetic levitation" (©Shutterstock),
"Fast Train" (©Shutterstock), "Bonn, North Rhinewestphalia, Germany
28 11" (©Shutterstock), "Old maglev test treck" (©Shutterstock),
"Concept magnetic levitation train moving" (©Shutterstock), "Old maglev
train" (©Shutterstock), "Model Transrapid maglev train on Munich"
(©Shutterstock), "Shanghai, China, September 27 2019" (©Shutterstock),
"Shanghai maglev train" (©Shutterstock), "Shanghai, January 8 2016
maglev" (©Shutterstock), "Maglev bullet train Shanghai" (©Shutterstock),
"Shanghai maglev train" (©Shutterstock), "Dubai, UAE, December 5 new"
(©Shutterstock), "Groningen, Netherlands, March 7 2020" (©Shutterstock),
"Beijing, China, October 15 2016" (©Shutterstock), "Yamanashi, Japan,
June 12 linear motor" (©Shutterstock), "Abstract high speed technology
pov" (©Shutterstock), "Dubai, UAE, November 16 Virgin" (©Shutterstock),
"Train monorail maglev Hyperloops inside" (©Shutterstock), "SkyTran"
(©SkyTran), "Newatlas.com" (©ET3), "Clip Air" (©EPFL).

ISBN: 978-1-68165-885-8
Library of Congress: 2021934002

Impreso en Estados Unidos de América
Printed in the United States

NOTA DE LOS EDITORES:
Queda rigurosamente prohibida, sin autorización escrita de los
titulares del copyright, bajo las sanciones establecidas por las
leyes, la reproducción total o parcial de esta obra por cualquier
medio o procedimiento, comprendidos la reprografía, el
tratamiento informático así como la distribución de ejemplares
de la misma mediante alquiler o préstamo públicos. Algunos
títulos de la colección podrían ser modificados si circunstancias
técnicas así lo exigieran.

La editorial no se responsabiliza por los sitios Web (o su
contenido) que no son propiedad de la misma.

ÍNDICE

INTRODUCCIÓN

Todos sabemos en qué consiste un ferrocarril. Un medio de transporte a gran escala que comprende una serie de vagones para transportar personas o mercaderías y que se desplazan por medio de ruedas guiadas que se mueven sobre rieles paralelos. A su vez, los vagones son arrastrados por otro vehículo equipado con motor, denominado locomotora, desde donde se genera la fuerza necesaria para el movimiento del conjunto. La invención del tren representa uno de los momentos más importantes en la historia de la expansión y el desarrollo humano. Desde aquella primera vez, cuando un tren de vapor avanzó en las minas de carbón y se expandió por las incipientes redes ferroviarias de la Inglaterra industrial a principios del siglo XIX, hasta los tiempos modernos, cuando los trenes de alta velocidad transportan a miles de pasajeros por extensos recorridos y las formaciones de carga llevan gran cantidad y variedad de mercaderías a cualquier punto del planeta, este medio de locomoción permitió que nuestra civilización adquiriera un desarrollo con beneficios y consecuencias que los visionarios del primer ferrocarril jamás imaginaron.

La invención del motor de combustión, el metro, los trenes de alta velocidad y el transporte aéreo revolucionaron la forma en que viajamos y terminaron por acercarnos, tanto literal como figurativamente. Entre todos esos progresos, el ferrocarril fue, sin duda, uno de los más importantes, significativos y vitales debido al impacto que tuvo, desde su más primitiva e inicial versión de carruajes motorizados hasta un presente en el que los coches pueden «levitar» sobre los carriles para ganar tiempo y sumar comodidad para los pasajeros. El traspaso de una tecnología a otra demandó menos de medio siglo.

Allá por los años 1960, Japón –país pionero en desarrollar el «tren bala»– diseñó un ferrocarril que lograba altas velocidades con poca pérdida de energía debido a que no hacía contacto con los rieles. Los primeros trenes maglev (nombre que surge de «*magnetic levitation*») se movían a 270 km/h, y hacia 1994 otros países, entre ellos Francia y Alemania, desarrollaron sus propios prototipos. Por entonces, su velocidad superaba los 300 km/h y no tardaron en batirse récords. También China se sumó a los ensayos con «trenes voladores» e implementó el primer y único servicio comercial activo hasta el momento. Corea del Sur, por su parte, trabaja en un proyecto para unir su capital, Seúl, con la ciudad de Pusan, en el sudeste peninsular, y la Unión Europea tiene proyectado conectar nuevas líneas nacionales para ofrecer viajes internacionales en trenes de alta velocidad sin interrupciones. Año tras año, los maglev se perfeccionan con miras a convertirse en el transporte del futuro, ya que no presentan problemas de contaminación, alcanzan velocidades competitivas con el transporte aéreo, no generan pérdidas de energía por rozamiento y tienen un mantenimiento relativamente más sencillo.

A fines del siglo xx, los trenes de levitación magnética marcaron el camino del desarrollo ferroviario. Conseguir un máximo de ahorro de energía y mayores velocidades es el objetivo de los ingenieros que buscan nuevas tecnologías para conseguir un medio de transporte público en extremo eficiente. Hyperloop, SkyTran, Evacuated Tube Transport y Clip-Air son las nuevas propuestas en estudio, y enfrentan serios obstáculos y contratiempos. Sin embargo, muchas veces los sueños se hacen realidad sin necesidad de que alguien primero los sueñe. ¿O acaso no fue Wilbur Wright (1867-1912) quien le confió a su hermano que el hombre volaría luego de un largo proceso de desarrollo tan solo dos años antes de que ambos lo concretaran? Apostemos por los sueños imposibles.

DEL VAPOR AL MAGNETISMO

Algunos hitos en la evolución del ferrocarril

La historia del ferrocarril abarca un período que apenas excede los últimos doscientos años de la civilización humana. Una invención, destinada a cambiar drásticamente la industria, propició una expansión global y modificó la manera en que nos desplazamos día a día.

Antes de la locomotora, los vagones
eran tirados por animales o personas.

El desplazamiento de un tren es, por lo general, sobre carriles permanentes u otro tipo de vías diseñadas específicamente para realizar el transporte de mercaderías o pasajeros de un lugar a otro. La clasificación precisa varía según las circunstancias y la tecnología empleada en la motorización del tren, ya que su gestación pasó por muchas facetas de avance a lo largo de la historia. Más allá de eso, este medio de transporte tuvo una influencia crucial en el desarrollo de muchas sociedades, y su utilización y su trascendencia cambiaron según la época en que se sitúa cada análisis. El tren formó parte de la esencia de muchas naciones y presentó innumerables ventajas en los procesos de industrialización de cada país.

DE VÍAS, CARROS Y CARRETAS

Todo hace suponer que la primera vía dedicada específicamente al transporte surgió en las calles de la mesopotámica ciudad de Ur, en el fértil valle regado por los ríos Tigris y Éufrates. Luego de cada lluvia, los carros generaban surcos paralelos en el lodo que, cuando eran profundos, servían de guía a los vehículos por las estrechas callejuelas sin rozar ni estropear las casas junto a las que pasaban. Después, esas primitivas y polvorientas calzadas fueron cubiertas con losas para evitar el fango, pero los surcos se mantuvieron al descubierto para delimitar un camino fijo. Más adelante en el tiempo, en aquellas provincias del Imperio romano donde era frecuente una climatología adversa (como en las islas británicas), esos canales producidos por los carros fueron perfeccionados con el agregado de troncos partidos a la mitad para evitar el hundimiento de las ruedas. Posteriores invenciones agregaron un reborde, ya fuera en las ruedas o en la primitiva vía. Se clavaban unos maderos sobre otros para conformar un ángulo recto. De esta manera la rueda se semejaba a un carrete y los troncos, a una escuadra.

Si bien no existe registro de cuándo se instaló la primera vía, ya en el siglo xvi se empleaban en minas dedicadas a la extracción de oro. Cien años más tarde, la investigación sobre el tema nos dice que existieron dos sistemas: el de la rueda de pestaña sobre un carril ordinario (la forma actual) y el de las ruedas comunes sobre un carril con reborde o con un surco (formado por barras de hierro fundido en forma de «L» apoyadas en piedras). Durante el siglo xvii se construyeron numerosos ferrocarriles mineros por toda Europa. La mayoría se encontraba en la parte baja de las colinas y las vías descendían hasta el río o el canal más cercano, donde se recogía el material para cargar en los barcos. Para subir la colina, los vagones eran tirados por animales y luego bajaban las pendientes por su propio peso, con los animales en el vehículo de cola.

14

Las primeras locomotoras
tenían máquinas de
vapor adaptadas.

TECNOLOGÍA DE VAPOR

El inicio de la Revolución Industrial en Europa a principios del
siglo xix exigía formas más efectivas de transportar las materias
primas hasta las fábricas y trasladar luego los productos termina-
dos desde las factorías. El ingeniero en minas Richard Trevithick
(1771-1833) combinó por primera vez los dos principios mecáni-
cos más importantes por aquellos tiempos: el guiado de las ruedas

y el empleo de la fuerza motriz. Como resultado, el 24 de febrero de 1804 logró adaptar una máquina de vapor –que se utilizaba desde principios del siglo XVIII para bombear agua– para que tirara de una locomotora. Ese primer intento de ferrocarril circuló sobre una vía de 15 km, desde la fundición de Pen & Darren en el sur de Gales, a una velocidad de 8 km/h, para arrastrar cinco vagones cargados con 10 toneladas de acero y 70 hombres. Más allá de los problemas que ocasionaba transitar sobre rieles

El ferrocarril se transformó en una
alternativa para los viajes de larga distancia.

Los trenes ingleses fueron construidos
por empresas privadas, con poca
intervención del Estado.

ESTATAL *VERSUS* PRIVADO

Desde mediados de la década de 1830, se desarrolló con rapidez en el Reino
Unido y el continente europeo la expansión de vías férreas entre ciudades.
Los ferrocarriles ingleses fueron construidos por empresas privadas, con una
mínima intervención estatal, pero en Europa casi siempre la construcción estuvo
controlada o fue ejecutada por los Estados nacionales. Así, se estableció en ese
continente la tradición del ferrocarril como empresa pública y la obligación
del gobierno de financiar parte de su mantenimiento y la ampliación de la
infraestructura. Esta participación gubernamental estuvo orientada a impedir
la duplicación de la competencia en las rutas más lucrativas (como ocurrió en
el Reino Unido) y a garantizar que los ferrocarriles se expandieran de la mejor
forma para el desarrollo social y económico. De la misma manera, la necesidad
de que los trenes formaran parte del Estado comprendió consideraciones
técnicas, económicas e incluso militares.

18

de hierro fundido –eran insuficientes para el peso del conjunto–,
el sistema se mantuvo durante casi dos décadas. En 1823, el
Parlamento inglés aprobó un acta para que el ingeniero mecánico
George Stephenson (1781-1848) uniera los pueblos de Stockton y
Darlington mediante una vía férrea. Stephenson desarrolló la primera locomotora de vapor confiable. La máquina utilizaba madera
o carbón para alimentar una caldera, y el vapor del agua en ebulli-
ción generaba la presión que hacía mover los pistones. A su vez,
estos creaban un movimiento alternativo de vaivén que impulsaba
las ruedas de la locomotora. La potencia necesaria para arrastrar
cada tren con sus vagones se aseguró agregando a la locomotora
de vapor dos o más ejes, con las ruedas unidas mediante bielas.

La primera vía férrea pública para el traslado de mercaderías y pasajeros con locomotoras de vapor unió Liverpool con
Manchester. Era el año 1830. Y se trató de una nueva forma de
transporte que pronto alcanzó gran popularidad e inició un desarrollo que continúa aun en nuestros días.

El éxito comercial, económico y técnico logrado transformó el
concepto de las vías férreas, y no solo en el Reino Unido. Una

herramienta que se veía como un medio para cubrir recorridos cortos, beneficiosa sobre todo para la minería, pasó a considerarse como una alternativa capaz de revolucionar el transporte de larga distancia. En Estados Unidos, por ejemplo, el ferrocarril fue impulsado con la expectativa de comunicar las ciudades de la costa este con el interior del país. El tren de vapor se inauguró en 1830 en Charleston (Carolina del Sur) y, a partir de entonces, aquellas lejanas tierras se volvieron más accesibles. Los 4.800 km de viaje entre Nueva York y California, que en carreta insumían un par de meses, se redujeron a unos pocos días.

Una de las dificultades de los motores diésel es la necesidad de contar con una caja de transmisión.

Los trenes eléctricos requieren
la instalación de cableados
para su alimentación.

MOTORES DIÉSEL

Pese a que en la actualidad sobreviven muy pocos trenes que funcionan con vapor y, como un guiño a la nostalgia y la historia, aquella tecnología inicial dio paso a otro sistema de tracción. El mantenimiento que requerían las locomotoras con motores de vapor resultó ser un inconveniente ante el surgimiento del automóvil, que permitía transportes más rápidos. A mediados del siglo xx, la competencia por alcanzar mayores velocidades producto de los nuevos medios de locomoción, y por reducir el consumo de energía, produjo un salto transcendental hacia las locomotoras diésel. Su inventor fue el ingeniero mecánico alemán Rudolf Christian Karl Diesel (1858-1913), quien en 1898 ideó un motor de combustión interna que funcionaba con un derivado del petróleo y podía ser de dos o de cuatro tiempos. Hacia mediados del siglo xx los trenes con locomotoras diésel fueron mucho más competitivos y eventualmente superaron a los aviones y automóviles de la época para convertirse en

22

MEDIDAS PARA LA TROCHA

Desde su creación, los ferrocarriles necesitaron guías para el tránsito de los vagones. Lo básico para el transporte, maravilloso por lo sencillo de su concepción, fue requerir una línea metálica sobre la cual se pudieran montar las ruedas de los vagones para ser arrastrados por la locomotora. Estas líneas férreas se construyeron en disposición paralela, separadas por una medida específica. La definición de esta distancia surgió con la práctica y la experiencia. En Europa, el ancho fue de 1.435 mm y en Estados Unidos, de 56,5 pulgadas (la misma medida), y su origen se basa en la separación de las ruedas de los vagones de minas, usados en el pueblo de origen de George Stephenson. Dicha separación correspondía a un diseño estable para ser arrastrado por medios humanos o con caballos. Más tarde, en la Conferencia de Berna sobre el transporte público de 1887, la medida se estableció como norma internacional.

el medio de transporte más eficiente. Sin embargo, uno de los mayores problemas con este sistema estaba en la regulación del motor, que necesitaba una caja de transmisión para mantener las revoluciones. Luego, la llegada de las locomotoras diésel-eléctricas facilitó las cosas, pues el conjunto diésel solo sirvió para mover el motor eléctrico y generar el torque para desplazar el tren desde un principio.

TRENES ELÉCTRICOS

Los trenes eléctricos requirieron la instalación de cableados de alimentación a lo largo de todo su recorrido, aunque también hay casos en los que la electricidad se toma de la propia vía, por lo que es necesario que al menos un carril esté electrificado. En la versión con cables, la instalación aérea se conoce como catenaria y se conecta con la máquina mediante una especie de aguja llamada pantógrafo. Este es un aspecto que resulta desfavorable en aquellos países donde hay dificultad en la producción de energía hidroeléctrica, o cuando el ferrocarril discurre por zonas lejanas y despobladas donde no existen subestaciones cercanas para el suministro. Estados Unidos, por ejemplo, cuenta con trayectos que unen largas distancias y pasan por lugares desérticos y deshabitados. Por eso allí los trenes con motores diésel se mantienen aún con una importante presencia.

Los TAV (trenes de alta velocidad) son vehículos eléctricos que, como su nombre lo indica, circulan a velocidades superiores a los 250 km/h sobre líneas diseñadas para tal fin. En la década de 1960, Japón y Francia adquirieron mucha experiencia en su construcción y eso les permitió competir ya no solo con el automóvil sino también con los aviones de entonces, porque los trenes alcanzaban mayores velocidades. Uno de los primeros TAV se conoció en Japón, en 1964, y unía las ciudades de Tokio y Osaka a un promedio de 240 km/h. También se destacan el TGV francés, el AVE de España y los denominados *pendolinos* –tienen la capacidad de balancearse en las curvas cerradas– de Italia.

EL FUTURO: HIDRÓGENO

Nunca faltan ideas futuristas sobre la evolución de los trenes. Una de las hipótesis más difundidas sugiere que las locomotoras pueden ser movidas por potentes motores de células de hidrógeno. Sus defensores sostienen que puede ser el combustible de los motores modernos. Desde hace algunos años se trabaja en celdas de hidrógeno para alimentar un motor eléctrico. El inconveniente radica en que el proceso para generar hidrógeno a partir del agua es muy costoso y, además, el gas resultante es muy volátil, por lo cual su almacenamiento es bastante complejo. Lo ideal sería transformar el líquido en gas por medio de una combustión que permita reciclar el agua. Otra propuesta ecológica para esta idea defiende la posibilidad de obtener el hidrógeno a partir de la electrólisis inducida mediante bacterias en residuos biodegradables.

25

EL MAGLEV EN DESARROLLO

Hacia la misma época en que Japón asombraba al mundo con sus trenes de alta velocidad, en otros laboratorios de Oriente comenzaron a desarrollar vehículos de levitación magnética que podían alcanzar mayores velocidades con poca pérdida de energía, al reducir la fricción con los rieles. La propulsión del vehículo se consigue mediante un motor sincronolineal, donde el inductor son bobinas trifásicas colocadas en las vías y el inducido, bobinas superconductoras ubicadas en el tren. Ya avanzada la década de 1990, otros países lograron obtener resultados con sus propios maglev. Este sistema de locomoción terrestre se perfecciona con miras a transformarse en el transporte del futuro, dado que, como vimos, no genera problemas de contaminación, permite alcanzar altas velocidades (competitivas con el tráfico aéreo), no genera pérdidas de energía por rozamiento y su mantenimiento es relativamente sencillo. En pleno siglo xxi, los trenes de levitación magnética marcan el camino en el desarrollo ferroviario.

El Shanghái Maglev es la única línea de alta velocidad activa por el momento.

TRENES CONVENCIONALES SUPERVELOCES

Confort y seguridad para los pasajeros

China y Japón marchan a la cabeza en el desarrollo de trenes eléctricos de alta velocidad. El otrora asombroso «tren bala» que deslumbró al mundo en 1964 pasó por muchas fases evolutivas y sus pares actuales ya poco tienen en común con sus precursores.

Todo visitante de Japón desea vivir la
experiencia de los trenes Shinkansen.

Japón es reconocido, entre otros adelantos tecnológicos, por su sistema de trenes bala de alta velocidad, o Shinkansen en el idioma local. El Shinkansen es un símbolo del extraordinario desarrollo tecnológico de este país y su medio de transporte más rápido y eficiente. Los trenes bala aparecieron en 1964, en ocasión de los Juegos Olímpicos de Tokio. En su momento, asombraron al mundo con su velocidad máxima de 130 km/h. Actualmente, son las líneas más antiguas y más utilizadas dentro de los sistemas de alta velocidad del mundo. Es notable cómo su alcance y su velocidad se incrementaron desde sus orígenes. Cuando la primera línea, la Tokaido Shinkansen, fue inaugurada el 1.º de octubre de 1964, cubrió la distancia de 515 km que hay entre las ciudades de Tokio y Osaka. En la actualidad hay más de 2.900 km de líneas Shinkansen repartidas por Japón, que brindan servicio y conectan prácticamente a todo el país (con excepción de las islas situadas más al norte).

32

Los actuales Shinkansen alcanzan velocidades superiores a los 320 km/h, aunque en la mayoría de los servicios regulares no superan los 300 km/h. Se trata de uno de los medios de transporte más seguros en el mundo, ya que pueden presumir de no haber sufrido accidentes mortales a lo largo de su extensa trayectoria.

EL SHINKANSEN HAYABUSA E5

Uno de los trenes más rápidos y modernos que circulan en la actualidad por las líneas de alta velocidad de Japón es el Shinkansen Hayabusa E5, que entró en servicio el 5 de marzo de 2011 en la línea Tohoku Shinkansen, y une las ciudades de Tokio y Aomori. La primera unidad E5 que se conoció fue un modelo de preproducción, utilizado por la compañía Japan Rail East para hacer pruebas y asegurarse de que todo funcionara a la perfección antes de introducirlo en el servicio comercial. Aquella unidad de ensayos fue producida en conjunto por dos grandes marcas orientales: Hitachi, que se encargó de los coches 1 al 5, y Kawasaki Heavy Industries, que fabricó los coches 6 al 10. El prototipo se denominó Fastech 360S y circuló a una velocidad máxima de 360 km/h. Sin embargo, debido al intenso ruido que generaba y a las distancias de frenado necesarias, se decidió que el servicio

Para disminuir el impacto sonoro, el Shinkansen Hayabusa cuenta con pares de ruedas (bogies) construidas con materiales fonoabsorbentes, y con cubiertas implantadas entre los vagones, de modo que el lateral del tren presente una superficie lisa al avance.

comercial no superase los 320 km/h. Tanto el Fastech 360S como la versión mejorada del prototipo que le siguió, el Fastech 360Z, fueron diseñados en Turín (Italia) por la firma Carrozzeria Pininfarina, especialista en la creación de autos y trenes de alta velocidad, con la supervisión del diseñador industrial japonés Ken Okuyama (nacido en 1959), con antecedentes de trabajo en General Motors, Porsche y la propia Pininfarina. El Fastech 360S contó con dos diseños diferentes en los coches de los extremos para estudiar cómo solucionar el problema del ruido a la entrada de los túneles.

CARACTERÍSTICAS

Al ser estrenado para la utilización masiva del público, la denominación coloquial que se le dio al nuevo servicio fue «Hayabusa», que significa «halcón peregrino» en japonés. El diseño actual del Shinkansen Hayabusa se basa en gran medida en lo aprendido del Fastech 360S, y su esquema de colores cambió ligeramente para introducir la franja rosa que es distintiva de la compañía JR East.

Este tren bala tiene el morro más largo que se conoce hasta la fecha. Con sus 15 m de longitud, es más penetrante que la trompa de la versión que le siguió, la E6, de 13 m. La configuración, para nada caprichosa, le otorga un perfil más aerodinámico que reduce el ruido a la entrada de los túneles, así como las vibraciones en el conjunto. Otra de sus características diferenciales para disminuir el impacto sonoro es contar con pares de ruedas –normalmente denominados *bogies*– construidas con materiales fonoabsorbentes, así como las cubiertas implantadas entre los vagones, de modo que el lateral del tren presente una superficie aerodinámicamente lisa al avance.

33

El Shinkansen Hayabusa E5 entró en servicio el 5 de marzo de 2011. Este tren bala tiene la sección frontal más larga que se conoce hasta la fecha.

La configuración del Shinkansen Hayabusa E5 permite obtener un perfil aerodinámico que reduce el ruido cuando la formación ingresa en los túneles.

Otras novedades tecnológicas que incorporó la serie E5 son: un sistema de suspensión activa para mejorar el confort durante el viaje, un sistema de pendulación que acompaña las inclinaciones a las que se ve sometido el convoy debido a la acción de las fuerzas de inercia (especialmente en las curvas cerradas) y un sistema de freno regenerativo. Este último, además de permitir un eficaz frenado a alta velocidad, aun cuando circula a 320 km/h, devuelve energía a la catenaria para alimentar los servicios auxiliares del tren o bien para brindársela a otros trenes. El Shinkansen Hayabusa funciona con corriente alterna de 25.000 voltios a 50 Hz, que es recogida de la catenaria por pantógrafos especialmente diseñados. El tren posee dos, situados en los coches 3 y 7, y llevan pantallas acústicas a fin de reducir el ruido. Una última característica que identifica a los E5 es que cuentan con una tracción distribuida, con ocho coches que son motores y dos tráileres, configuración que les permite acelerar y frenar de forma rápida y efectiva.

En cuanto a su comodidad, los Hayabusa tienen diez coches con capacidad para 731 pasajeros (en comparación, un AVE S-103 español de ocho coches puede transportar hasta 404 pasajeros), ocho de clase estándar o turista, uno *green class* o *business*, y un vagón *gran class*, con un nivel de equipamiento y de confort comparable al de la primera clase de un avión.

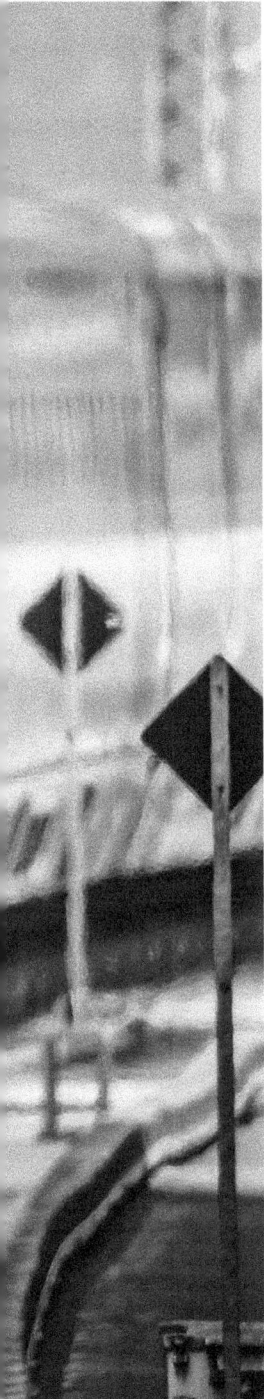

39

La línea Hokkaido Shinkansen, que unirá Tokio y Sapporo, será habilitada en 2030.

EL PRÓXIMO PASO

En marzo de 2013 se le permitió al E5 aumentar a 320 km/h la velocidad máxima entre las estaciones de Utsunomiya y Morioka, con un promedio algo más lento en el resto del recorrido. Pero los responsables de la empresa JR East siguen con la idea de alcanzar en algún momento los 360 km/h, y tienen como meta profundizar los ensayos con el nuevo prototipo ALFA-X (Advanced Labs for Frontline Activity in rail Experimentation). Se trata de una formación de diez coches, de 250 m de largo, que servirá de base para futuros trenes de alta velocidad que circulen sin inconvenientes a

360 km/h. Tal como sucedió con el Fastech 360S, su diseño presenta variados perfiles en los coches de los extremos para probar diferentes tecnologías que reduzcan el impacto sonoro y la presión del aire al ingresar en los túneles. El primer vagón del ALFA-X tiene un morro de 16 m, en tanto que el último lleva una protuberancia de 22 m. La idea es que el tren no vire al llegar a destino, por lo que la nariz más larga le permitirá hacer frente a los vientos procedentes del sur. Además, contará con recubrimientos especiales para resistir la nieve y el frío, con una estabilidad mejorada y una configuración interna con mayor separación entre los asientos.

TODO JAPÓN EN TREN

Los trenes de alta velocidad Shinkansen son la forma más rápida de descubrir Japón, ya que alcanzan una velocidad de 320 km/h. Además, la red ferroviaria de Japan Rail cubre prácticamente todo el país. Las nueve líneas de Shinkansen permiten viajar en diferentes direcciones y conectan a las principales ciudades. Desde Tokio hacia el sur corre la línea Tokaido Shinkansen, que conecta la capital con Kioto y Osaka, pasando por Nagoya. La línea Sanyo Shinkansen une Osaka con Fukuoka y, desde allí, la línea Kyushu Shinkansen recorre la isla de Kyushu de norte a sur. Las otras seis líneas tienen punto de partida en Tokio y viajan hacia el norte. La capital está conectada con Kanazawa, entre otras, por la Hokuriku Shinkansen, que también pasa por Nagano, y llega hasta Niigata por la Joetsu Shinkansen. La línea Tohoku Shinkansen conecta Tokio con Aomori y se divide en dos «minishinkansen»: el ramal Akita Shinkansen y el Yamagata Shinkansen. Desde Aomori es posible cruzar el estrecho que separa a Hokkaido de la isla principal mediante el servicio que brinda la línea Hokkaido Shinkansen.

En cada una de las líneas hay trenes rápidos, semirrápidos y locales. Los más veloces solo paran en las estaciones principales, los semirrápidos hacen solo algunas paradas, y los trenes locales se detienen en cada estación. Si tomamos como ejemplo la línea Tokaido Shinkansen, que conecta Tokio con Osaka, el tren rápido realiza 6 paradas, el semirrápido entre 7 y 12 paradas, y el tren local para en las 17 estaciones disponibles.

El CRH380A se basa exclusivamente en
tecnología desarrollada en China.

Como todo vehículo experimental, su desarrollo exige un proceso prolongado hasta que pueda trasladar a los primeros pasajeros, una vez cumplidos los ensayos entre las ciudades de Sendai y Aomori que certifiquen su resistencia y su seguridad. JR East asegura que el nuevo modelo comercial de Shinkansen estará listo en 2030, para la misma época en que se planifica la inauguración de la extensión de la línea Hokkaido Shinkansen, que cubrirá los 1.200 km de distancia entre Tokio y Sapporo en aproximadamente 4 horas y media. Su fabricación ha insumido hasta el momento unos 81 millones de euros, y el proyecto está a cargo de Kawasaki Heavy Industries.

44

CHINA RAILWAYS CRH380A

Bautizado como Hexie («armonía», en chino), el CRH380A es un tren eléctrico de alta velocidad desarrollado por la compañía CSR y fabricado por CSR Qingdao Sifang Locomotive & Rolling Stock. Se trata de la continuación del programa CRH2380 que, por orden del Ministerio de Ferrocarriles de China, impuso en 2008 la renovación de la tecnología extranjera utilizada en los trenes CRH2 de máxima velocidad, que compartían muchas características con las unidades AVE conocidas en ese momento en Europa. En la actualidad, existen cuatro series de trenes chinos diseñados para las líneas de alta velocidad, tres basadas en diseños importados y una con tecnología desarrollada localmente, que utiliza el CRH380A. Las tres series «foráneas» son las CRH380C, que utiliza tecnología de Siemens; la CRH380B, producto de la ingeniería de Hitachi; y la CRH380D, con diseños y materiales provistos por Bombardier.

Además de contar con inventiva y proyección propias (aunque comentarios adversos indican que se basa en la tecnología Shinkansen pero sin licencia), el CRH380A fue diseñado para

Una tecnología innovadora en cuestiones de seguridad permite recorrer distancias que rozan los 380 km/h.

operar a una velocidad crucero de 350 km/h por hora y alcanzar una velocidad máxima estándar de 380 km/h en servicio comercial, en las principales líneas de alta velocidad recientemente construidas. Al respecto, y siempre en su fase de pruebas, una formación original con ocho coches estableció una marca de 416,6 km/h de velocidad máxima en la línea Shanghái-Hangzhou, capital de la provincia de Zhejiang. Otro tren experimental, equipado con

elementos especiales, alcanzó los 486,1 km/h durante un ensayo en la sección Zaozhuang-Bengbu de la línea Beijing-Shanghái. En este viaje de prueba, la formación de dieciséis coches cubrió 220 km en 34 minutos, a una velocidad promedio de 388 km/h.

Para recorrer distancias importantes rozando los 380 km/h, los técnicos chinos se vieron obligados a desarrollar una tecnología innovadora en materia de medidas de seguridad que ayuda al

Una nueva configuración de la unidad
de potencia le permite al CRH380A
acelerar de 0 a 380 km/h en 7 minutos.

CRH380A: LUJO Y CONFORT A ALTA VELOCIDAD

El material rodante de la nueva generación CRH380A dispone de coches con varias estancias y compartimentos de lujo de seis asientos. Cada formación tiene un vagón comedor independiente llamado bistró bar, donde se sirven aperitivos y comidas seleccionadas. También hay mostradores de bar separados donde los pasajeros pueden tomar una copa si lo desean. Las unidades tienen un sector de turismo VIP adyacente a la cabina frontal con una cortina electrónica que, botón mediante, puede desplazarse para ofrecer una vista del tren en marcha desde el ángulo del conductor. Los asientos están equipados con pantalla, tablero, lámpara de lectura y puerto de alimentación USB. Hay asientos giratorios en todos los coches, así como instalaciones específicas para personas con discapacidad y mesas especiales para el cuidado infantil.

48

conductor a visualizar las señales. Además, los coches del prototipo presentaron un sistema novedoso en sus *bogies* para soportar y eliminar el traqueteo producto de la alta velocidad, así como un cristal blindado especial en la cabina del conductor, capaz de soportar impactos de pájaros sin ocasionar daños y, obviamente, con un perfil aerodinámico para disminuir los ruidos.

CARACTERÍSTICAS

Durante el desarrollo inicial se realizaron más de mil pruebas técnicas que cubrían áreas específicas como rendimiento dinámico, recopilación de energía mediante la conexión catenaria-pantógrafo, respuesta aerodinámica y rendimiento de tracción. El trabajo de diseño incluyó cuatro categorías: dibujo esquemático, planificación técnica, estructuración constructiva y testeo experimental, antes de llegar a la verificación final. Los diseños fueron impulsados por el análisis de datos y la experiencia operativa del tren de alta velocidad en el ramal Beijing-Tianjin. Más de veinte diseños fueron preseleccionados y evaluados en profundidad para una mayor optimización y simulación. La investigación de la tecnología para incrementar la velocidad máxima se llevó a

cabo en varias universidades de China y se introdujo en el diseño original de la compañía CSR.

El cuerpo del CRH380A está soldado íntegramente con aleación de aluminio. Su peso total ronda las 9 toneladas, menos del 17% de todo el vehículo. En la parte delantera tiene una estructura con forma de cabeza de pez que reduce la resistencia aerodinámica y el consumo medio de energía, al tiempo que aumenta la cantidad de energía regenerada. El morro del tren presenta un coeficiente de resistencia inferior a 0,13, con lo cual la resistencia aerodinámica, en comparación con versiones anteriores, se redujo un 6,1%. De la misma manera, el ruido disminuyó un 7%, y la fuerza lateral que actúa sobre la cabeza, un 6,1%.

La unidad múltiple eléctrica de alta velocidad de esta nueva generación utiliza un freno electroneumático. Este sistema aprovecha la energía cinética generada durante el frenado y la acumula para luego ser utilizada. En tanto, el motor de tracción convierte la energía en la potencia requerida por medio de un generador. De esta manera, la potencia máxima aumenta en un

Los asientos están equipados
con tablero, lámpara de lectura y
puerto de alimentación USB.

50%, cifra que colabora de modo excepcional en términos de ahorro energético. El tren fue diseñado para evitar todo tipo de vibraciones. Los *bogies* están diseñados para ser seguros, confiables y pueden soportar hasta una exigencia crítica de 550 km/h. Además, el conjunto de sus suspensiones genera un movimiento que coincide con el rendimiento del cuerpo, lo cual optimiza las frecuencias naturales para disminuir las sacudidas estructurales a altas velocidades y mejorar el confort.

En cuanto a la tracción, posee sistemas de alto rendimiento, y los motores YQ-365, fabricados por CSR Zhuzhou Electric, cuentan con una nueva configuración de su unidad de potencia que posibilita al tren acelerar de 0 a 380 km/h en 7 minutos. En lo que respecta al ruido, el CRH380A introdujo tecnología de avanzada mediante la utilización de nuevos materiales de aislamiento y absorción del sonido. De acuerdo con la empresa constructora, su nivel de ruido es de 69 dB cuando marcha a 350 km/h, una medición similar a la obtenida por el CRH2A cuando funcionaba a 250 km/h.

51

EVOLUCIÓN

Debido a que el CRH380A fue íntegramente diseñado y desarrollado en China, esta nación sumó muchas nuevas patentes relacionadas con los componentes internos requeridos para alcanzar velocidades superiores a las permitidas por los diseños extranjeros. Sin embargo, la mayoría de ellas solo son válidas dentro de China y no tienen aplicación internacional. Esta debilidad de la propiedad intelectual del Hexie impide que China exporte su tecnología relacionada con el ferrocarril de alta velocidad y que sus trenes operen fuera de sus fronteras. Por esta razón, CSR impulsó el desarrollo de un nuevo modelo, completamente rediseñado, que fue denominado Fuxing («rejuvenecimiento», en chino), con la intensión de explotar la línea comercial Guangzhou-Shenzhen-Hong

El CR400A puede transportar
556 pasajeros, repartidos en clase
ejecutiva, primera y segunda clase.

高 压
危 险

Trenes Fuxing en la estación Tianjin de China, en 2019.

CR400: AUTOMATIZACIÓN Y JUEGOS OLÍMPICOS

Los nuevos trenes diseñados y fabricados por China para traspasar sus fronteras tienen un sofisticado sistema de control y supervisión que examina constantemente su desempeño, y en caso de emergencias o ante condiciones anormales desacelera la formación de manera automática. Gracias a un sistema de transmisión de datos a distancia, un centro de control es capaz de supervisar su funcionamiento en tiempo real. Las primeras operaciones automatizadas se implementaron en la línea de 174 km que une Beijing con Zhangjiakou, en la provincia de Hebei, una de las ciudades anfitrionas de los XXIV Juegos Olímpicos de Invierno. Concebida para llevar a los deportistas y visitantes a la sede olímpica a una velocidad de hasta 350 km/h, será la «línea más inteligente del país», aseguran sus ingenieros. Según los últimos ensayos, el tren inteligente mejoró la seguridad y la comodidad operativas, el rendimiento en tiempos, y redujo los costos de energía. Se sabe que los sistemas automáticos de conducción y despacho y las subestaciones inteligentes figuran entre los más importantes proyectos de tecnología inteligente implementados por China Railway Engineering Consulting Group. Diferentes tipos de robots inteligentes estarán disponibles en las estaciones para ayudar a los pasajeros y mover sus equipajes. La línea que lleva a Zhangjiakou incluye 10 túneles (uno de los cuales tiene 1,2 km de largo) y 64 puentes. Una de las 10 estaciones del recorrido servirá para que los visitantes puedan apreciar la Gran Muralla China. Se trata de la estación subterránea de Badaling, que se encuentra a 102 m debajo de la superficie. Durante los ensayos, un tren de prueba alcanzó una velocidad máxima de 385 km/h.

Kong. El nuevo tren de alta velocidad conjuga la tecnología local y le suma componentes provistos por las otras empresas multinacionales involucradas en el programa CRH380 (Siemens, Hitachi y Bombardier).

Específicamente designadas como EMU (Electric Multiple Unit), las versiones del CRH400 pueden alcanzar velocidades máximas de 400 km/h y una velocidad crucero de 350 km/h. De su desarrollo se encargó la firma CRRC (Changchun Railway Vehicles), bajo la tutela de China Railway Corporation, para conformar un conglomerado de empresas, universidades e institutos de investigación. Según el acuerdo para el trabajo de investigación e implementación de la EMU estandarizada en China, cada unidad debió soportar un proceso de verificación y experimentación de 600.000 km, enfrentando condiciones y estructuras complejas como puentes, túneles, pendientes y curvas de diferentes radios.

Finalmente, el 26 de junio de 2017, un CR400AF de 415 m de largo partió de la estación South Beijing rumbo a Shanghái, mientras que el CR400BF salió, al mismo tiempo, de la estación Shanghái Hongqiao con destino a Beijing.

RÉCORDS MUNDIALES

El viaje de casa al trabajo en el *Guinness*

Aunque suene utópico, el desarrollo de los trenes de alta velocidad implicó, en varias oportunidades, ir en busca de sus límites. Aquí, una breve cronología de los logros a máxima velocidad utilizando diferentes tecnologías.

El simple hecho de superar los 200 km/h define a un tren como de «alta velocidad».

58

El simple hecho de superar los 200 km/h define a un tren como de «alta velocidad». Japón, en Oriente, fue el primer país en contar con este tipo de tecnología al inaugurar su línea Shinkansen en 1964. Francia siguió sus pasos al introducir los trenes veloces en Europa y se mantuvo al tope de los registros más rápidos durante bastante tiempo. En el siglo XXI, la renovación introducida por la tecnología maglev hizo que la balanza volviera a inclinarse hacia el continente asiático y promete quedarse allí gracias a las marcas conseguidas por Japón con sus trenes experimentales y el constante avance de China en nuevos desarrollos tecnológicos. Por extraño que parezca, Estados Unidos parece encontrarse al margen de esta carrera por la supremacía en velocidad. Sus extensas líneas férreas y la distancia entre los puntos en conexión hacen que los norteamericanos aún se fíen de la tecnología diésel como mejor

solución. Por ello, en la actualidad cuenta solo con 740 km de líneas de alta velocidad, donde el tren Acela Express de la empresa Amtrak conecta Washington DC con Boston, a una media de 240 km/h.

AÉROTRAIN I-80 (1974): 430 KM/H

La invención del Aérotrain se debe a un proyecto del ingeniero francés Jean Bertin (1917-1975), quien entre 1965 y 1977 redescubrió y aplicó exitosamente el principio de suspensión sobre un colchón de aire que había ideado su compatriota, el ingeniero hidráulico Louis Dominique Girard (1815-1871). El sistema consistía en un método relativamente sencillo, en el que un tren monorraíl propulsado por turbinas flotaba sobre un colchón de aire para eliminar la fricción y permitir altas velocidades.

60   En 1958, Bertin desarrolló los primeros diseños y presentó al gobierno francés y a la Société nationale des chemins de fer français (SNCF) una maqueta de 1,5 m de longitud a escala 1/20. A lo largo del proceso de desarrollo, el ingeniero construyó cuatro prototipos, desde una versión de 9 m con espacio para cuatro pasajeros, hasta una de 23 m con vagón para 80 pasajeros. Pese a tratarse de un proyecto revolucionario que buscaba reducir costos, requería en contrapartida el tendido de una guía (una vía con forma de «T» invertida) sobre estructuras de hormigón elevadas, que resultaba sumamente oneroso. Todo esto, sin contar el deterioro que provocaba al paisaje y la ocupación de los suelos,

El primer modelo de Aérotrain era propulsado por un motor de hélice de avión montado sobre el cuerpo aerodinámico del vehículo. Más adelante, el prototipo 01 llevó un turborreactor y, después de varios ensayos, alcanzó una velocidad de 345 km/h.

porque discurría por recorridos diferentes de las vías tradicionales. Por otro lado, el Aérotrain provocaba gran polución sonora y ambiental por el uso de motores de la aviación, que además consumían grandes cantidades de combustible.

Uno de los últimos prototipos fue un modelo eléctrico que si bien no presentaba las desventajas de las opciones con turbinas, requería una difícil implementación en medios urbanos. Tantos inconvenientes hicieron que Francia suspendiera la inversión estatal en este tipo de transporte y diera preferencia a los trenes de alta velocidad conocidos como TGV e inspirados en los exitosos Shinkansen japoneses.

DESARROLLO CON ALTIBAJOS

En 1965 se inauguró la primera línea de pruebas de 6,7 km en Gometz-le-Châtel, en las afueras de París. El primer modelo de Aérotrain era propulsado por un motor de hélice de avión montado sobre el cuerpo aerodinámico del vehículo. Más adelante, el prototipo denominado 01 llevó un turborreactor y, luego de varios ensayos, el 4 de diciembre de 1967 alcanzó una velocidad de 345 km/h. El prototipo 02 sirvió para experimentar con altas velocidades y llegó a marcar 422 km/h en una prueba realizada el 22 de enero de 1969. Ese mismo año también quedó listo el modelo interurbano, bautizado I-80, y comenzó a evaluarse en la línea de pruebas de Chevilly, de 18 km, que estaba en las cercanías del ramal París-Orleáns de los ferrocarriles franceses. El 5 de marzo de 1974 el prototipo I-80 estableció un récord mundial de velocidad para los vehículos con colchón de aire terrestre, y alcanzó una velocidad media de 415,2 km/h y una máxima de 430,4 km/h. En lo que respecta al prototipo eléctrico, se denominó S-44, fue probado desde diciembre de 1969 hasta enero de 1972 en la línea de Gometz-le-Châtel y alcanzó los 170 km/h. Tenía características de tren urbano y se planeaba emplearlo en los tramos Orly-Roissy y Cergy-La Défense, en los suburbios de París. Para las pruebas de desarrollo, se construyó una vía de 3 km de largo paralela a la usada por los prototipos 01 y 02.

Jean Bertin sufría de cáncer y, tras una década de empeño, murió en diciembre de 1975. El proyecto fue descartado y

61

Ilustración del Aérotrain de Orleáns, Francia.

quedaron kilómetros de pistas elevadas de prueba abandonadas en varios lugares en Francia. El Aérotrain I-80 hizo su último viaje el 27 de diciembre de 1977. El 17 de julio de 1991, el prototipo S-44 fue destruido por un incendio en los galpones de almacenamiento en Gometz-le-Châtel, y en 1992 le ocurrió lo mismo al prototipo I-80, en Chevilly. De los cuatro prototipos que se habían construido, los dos últimos permanecen guardados en algún lugar de Francia.

TGV POS (2007): 574,8 KM/H

El Aérotrain enfrentó numerosos desafíos. Su sistema requería nuevas guías elevadas y demandaba enormes esfuerzos para mejorar el sistema ferroviario existente. Las empresas creadas para tal fin, Bertin & Co. y Aeroglide Systems, con sede en Versalles, trabajaron para resolver los problemas ocasionados por los cambios repentinos en la presión del aire al cruzarse con otro tren o en la

El 3 de abril de 2007, TGV POS batió el récord de los 574,8 km/h en el tramo Preny y Champagne-Ardenne de Bezanne.

entrada de un túnel. Todos los prototipos utilizaron turbinas de gas con hélices gigantescas, que creaban un ruido tremendo tanto dentro como fuera del vagón, por lo que se vieron obligados a viajar a velocidades reducidas en las zonas urbanas. La SNCF estimó que Francia ya tenía trenes que podían correr a esas velocidades, y los detractores del «colchón de aire» argumentaron que los motores eléctricos de inducción lineal podrían silenciar al Aérotrain. En 1974, después de su elección como presidente de Francia, Valéry Giscard d'Estaing anuló el contrato de la línea Cergy-La Défense, y la SNCF cambió formalmente su apoyo al Train à Grande Vitesse (TGV) como opción de alta velocidad.

A partir de su implementación, Francia se colocó a la vanguardia en materia de esta tecnología y fueron sucesivos los récords alcanzados gracias al perfeccionamiento de trenes, vías y equipamiento. Los 318 km/h se batieron en 1972, los 380 km/h en 1981, los 408,4 km/h en 1988 y los 482 km/h en 1989.

«VIVE LA FRANCE»

Con el último registro en mano de 515,3 km/h alcanzado el 18 de mayo de 1990, tanto la SNCF como la empresa Alstom, constructora de los TGV, se propusieron establecer una nueva marca para ingresar en el *Libro Guinness de los récords*. Para la ocasión, Réseau ferré de France (RFF, Red Ferroviaria de Francia), compañía encargada del mantenimiento de las vías entre 1997 y 2014, puso a disposición las vías de la línea LGV-Est, un ramal de alta velocidad completamente nuevo y sin uso comercial. RFF dispuso que el tramo entre Preny (en Lorena) y la estación de Champagne-Ardennes de Bezanne (cerca de Reims) estuviera en condiciones, mientras la SNCF y Alstom se encargaban del resto: inversiones, trenes, personal e instrumental para registrar la nueva marca.

El objetivo se alcanzó el 3 de abril de 2007 y fue bautizado Proyecto V150: «Velocidad: 150 metros por segundo» (o 540 km/h). Tuvo un costo superior a los 30 millones de euros y requirió el armado de un prototipo especial, ensamblado con partes y piezas de diferentes modelos. El tren tuvo la denominación técnica de TGV POS 4402 y contó con dos locomotoras de la serie TGV Réseau, y tres vagones de dos pisos del TGV Dúplex.

Después de las 13.15, enmarcado por la fría bruma de la campiña francesa, el TGV POS alcanzó el objetivo de los 540 km/h, y lo superó en el punto kilométrico 191 de la línea París-Estrasburgo, donde registró los 574,8 km/h.

Los cinco coches recibieron mejoras en su carenado y les montaron ruedas más grandes que las habituales (el diámetro pasó de 92 a 109,2 cm, para restringir la rotación de los motores). Por otro lado, en los tres vagones intermedios se utilizaron *bogies* procedentes de un tercer tren, conocido como AGV (Automotrice à grande vitesse), que se encontraba en fase de prototipo. Para la alimentación, se hicieron modificaciones en la catenaria, con una mayor tensión en los cables, de modo de permitir el paso de 31.000 voltios en lugar de los 25.000 habituales. Gracias a todas estas adecuaciones, el TGV POS, un tren que en condiciones normales disponía de una potencia de 9.600 kW, se transformó en un híbrido impulsado por 19.600 kW.

67

Para Francia, el intento por batir el récord se convirtió en una cuestión nacional, para demostrarle al mundo que la industria gala se mantenía en el trono de la tecnología ferroviaria. Por eso se hizo coincidir la hora del evento con las emisiones en directo de los informativos de televisión, durante el mediodía. Y fue justo después de las 13.15, enmarcado por la fría bruma de la campiña francesa, que el TGV POS superó la marca de los 515 km/h de 1990, y no solo alcanzó el objetivo de los 540 km/h sino que lo superó en el punto kilométrico 191 de la línea París-Estrasburgo, donde registró 574,8 km/h. La hazaña fue registrada por 600 sensores, once cámaras de video, un avión y decenas de espectadores que se ubicaron en los puentes para saludar el avance de la formación. El TGV POS se detuvo en una plataforma especial montada cerca de la estación Champagne-Ardennes y allí todos los directivos involucrados brindaron una conferencia de prensa, mientras la nueva marca quedaba registrada en el *Libro Guinness de los récords*.

El inmenso despliegue que significó la prueba no solo fue publicitario, sino que sirvió para obtener abundantes datos y conclusiones sobre el consumo eléctrico, la incidencia del viento lateral y el desgaste de la vía al circular a altas velocidades.

SCMAGLEV L0 SERIES (2015): 600 KM/H

No conforme con establecerse como referencia en materia de trenes de alta velocidad con los Shinkansen, Japón también es uno de los precursores de la incipiente tecnología de levitación magnética, más conocida como maglev. Los primeros estudios ordenados por Japan National Railways (JNR) se iniciaron en 1962 y su meta inicial fue desarrollar un tren comercial capaz de unir Tokio y Nagoya en menos de una hora. No bien se conocieron las primeras patentes sobre la flamante tecnología maglev presentadas en Estados Unidos

El SCMaglev L0 Series rompió su propia marca al registrar 603 km/h en la pista de Yamanashi.

por el Brookhaven National Laboratory, JNR anunció el desarrollo de su propio sistema superconductor, bautizado SCMaglev.

La primera formación de un tren de levitación magnética japonés realizó su viaje inicial (experimental) en la línea de pruebas de Miyazaki, en 1972. Como el objetivo final es implementar la primera línea maglev comercial de larga distancia, con fecha de entrada en servicio en 2027, los ensayos y evaluaciones se realizan desde entonces sin descanso. Con la intervención del Instituto de Investigación de Técnica Ferroviaria, se actualizaron las instalaciones para realizar ensayos con túneles, pendientes pronunciadas y curvas de diferentes radios. Así, cuando promediaba la década de 1990 se inauguró la línea Yamanashi, con una longitud de 42,8 km, equipada con las últimas especificaciones comerciales necesarias para continuar el desarrollo de las unidades L0 Series. La «sección prioritaria» de 18,4 km de la línea Yamanashi, donde se obtienen las mayores marcas de velocidad, es una de las principales atracciones

China
CR400BF **350 km/h**

Japón
Shinkansen, **320 km/h**

España
AVE, **310 km/h**

Francia
TGV POS, **320 km/h**

Alemania
ICE, **300 km/h**

Corea del Sur
KTX, **305 km/h**

Italia
AGV 575 / ETR 1000 / ETR 500, **300 km/h**

Turquía
TCDD HT65000, **250 km/h**

Austria
ICE, **250 km/h**

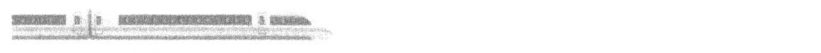

Arabia Saudita
Talgo 350, **300 km/h**

de esta tranquila ciudad al sudoeste de Tokio. Varias veces al día, los curiosos se reúnen sobre una plataforma de observación construida para ver las pruebas del tren. Acomodados en una tribuna especialmente acondicionada, se sientan y esperan horas para atrapar el raudo paso del SCMaglev durante unos segundos, cuando emerge de un túnel para ingresar en otro de los tantos que jalonan el recorrido de pruebas. Otros apasionados por la velocidad, más afortunados que los curiosos de la plataforma, tienen la posibilidad de subir a bordo durante alguno de los 40 días al año en que Central Japan Railway Company (CJRC) autoriza la presencia de visitantes. La Central realiza pruebas en la misma pista desde hace 20 años y los pases a bordo están determinados por una suerte de lotería.

EL RÉCORD

Japón lo hizo de nuevo. Luego de asombrar al mundo con el primer Shinkansen en 1964 y promover la proliferación de «trenes bala» en todo el mundo, sus investigaciones con la tecnología maglev dieron como fruto la marca de un nuevo récord de velocidad. A menos de una semana de saltar a los medios de comunicación por batir los 581 km/h establecidos en 2003, cuando el SCMaglev L0 Series marcó 590 km/h el 20 de abril de 2015, la misma formación rompió la barrera de los 600 km/h al cubrir 1,8 km de la línea de pruebas en poco menos de 11 segundos. El tren que entró en la historia por ser (por ahora) el más rápido del mundo estuvo conformado por siete vagones que transportaban a 49 técnicos, ingenieros y empleados ferroviarios como pasajeros. Desafortunadamente, en aquella oportunidad el servicio no estuvo habilitado para aquellos que, «tique dorado» mediante, tuvieron la oportunidad de subir a bordo. Desde la plataforma de observación, en cambio, los testigos estallaron de emoción y aplausos cuando lo vieron pasar.

Japan National Railways sigue con sus ensayos para determinar la mejor velocidad operativa en su planificada ruta entre Tokio y Nagoya, programada para comenzar a funcionar en 2027. En la actualidad, el traslado entre ambas ciudades, separadas por 354 km, puede demandar casi 5 horas en automóvil. En el futuro, el SCMaglev podría concretar el viaje en menos tiempo.

71

LA TECNOLOGÍA MAGLEV

Alta eficiencia y máxima velocidad

La tecnología maglev ofrece a los trenes el potencial de alcanzar velocidades inimaginables de manera segura, superando los avances ferroviarios hasta ahora conocidos. ¿Cómo funciona? ¿Cuáles son sus ventajas y sus desventajas? ¿Cuántas opciones existen?

Imagen del modelo patentado por
Gordon T. Dandy y James R. Powell.

74

Si bien el estadounidense Robert Hutchings Goddard (1882-1945) es reconocido mundialmente por ser ingeniero, profesor, físico e inventor, y se le atribuye la creación del primer cohete de combustible líquido lanzado con éxito en marzo de 1926, en tiempos en que era estudiante de posgrado en Física –en 1909– planteó la idea de un tren que se desplazara por efecto de la levitación magnética. Pocos años después, el 14 de agosto de 1934, se le otorgó a Hermann Kemper (1892-1977), un ingeniero alemán pionero de la levitación magnética, la primera patente para el transporte de alta velocidad con tecnología maglev. Años más tarde, Eric Laithwaite (1921-1997) desarrolló, cuando era profesor del Imperial College de Londres, un modelo funcional a tamaño real de un motor de inducción lineal. Tanto el concepto como su potencial fueron perfeccionados en la década de 1960 por los físicos estadounidenses Gordon T. Dandy y James R. Powell, del Laboratorio Nacional de Brookhaven, y en 1967 presentaron la patente que detallaba la física de un tren de levitación magnética. La idea básica se le ocurrió a Powell durante un embotellamiento de tránsito y, como ambos tenían experiencia en el estudio de imanes (habían desarrollado juntos un acelerador de partículas), se abocaron a conseguir una nueva tecnología que facilitase los desplazamientos. En su diseño, electroimanes superconductores generan una fuerza de suspensión para que el tren flote sobre el suelo y utiliza la propulsión de una hélice o una turbina para el empuje. Por este trabajo recibieron la Medalla Benjamin Franklin en Ingeniería, en el año 2000.

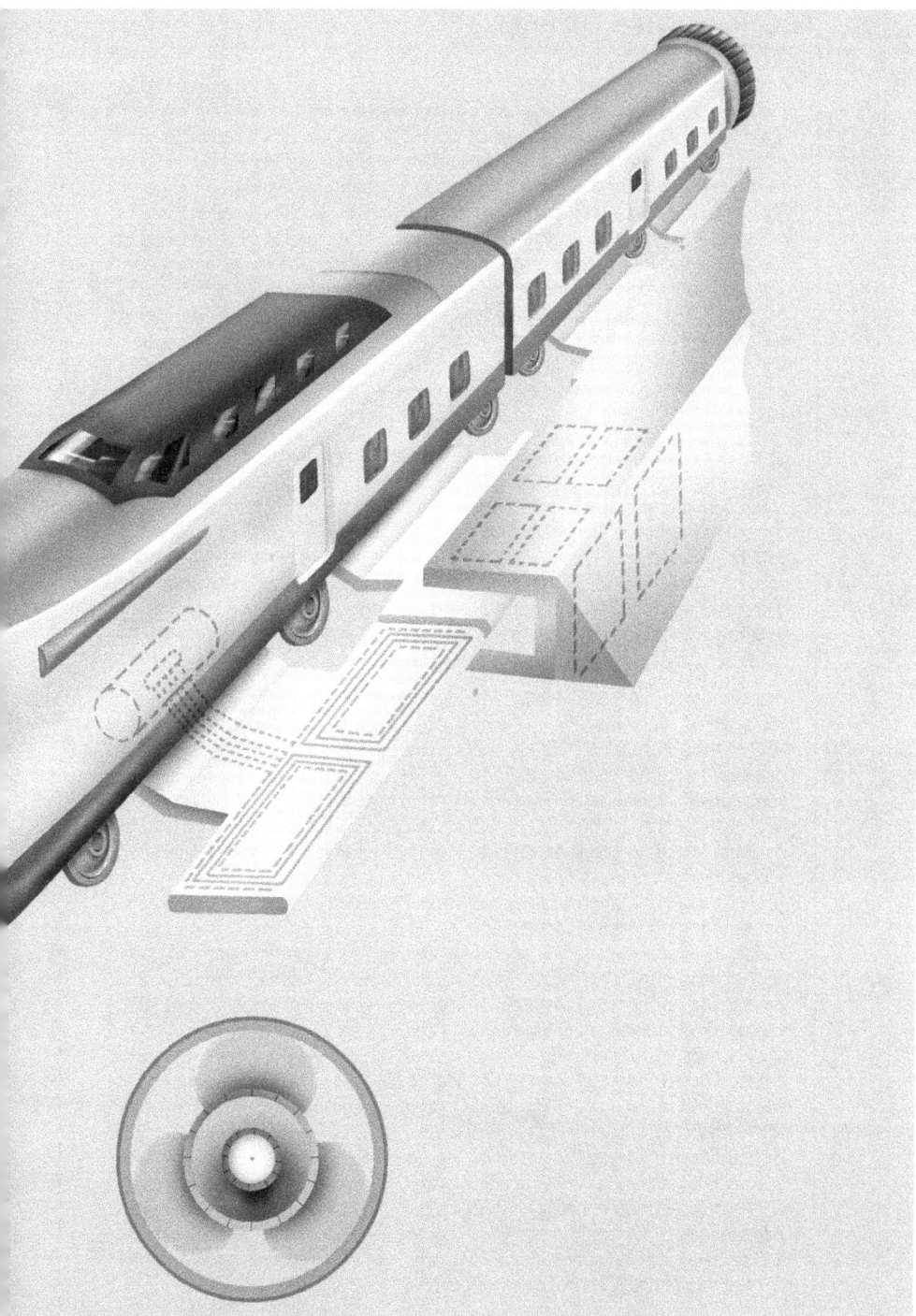

TECNOLOGÍAS DIFERENTES

La principal diferencia entre un sistema EMS y uno EDS es que en el primero la levitación del tren es producida por la atracción entre las bobinas colocadas en el vehículo y la vía, y en el segundo se consigue gracias a fuerzas de repulsión entre estas. En el sistema EMS, la parte inferior del tren queda por debajo de una guía de material ferromagnético, que no posee magnetismo permanente. Cuando se ponen en marcha los electroimanes situados sobre el vehículo, se genera una fuerza de atracción. Ya que el carril no puede moverse, son los electroimanes los que se mueven en dirección a este y elevan el tren. Los sensores se encargan de regular la corriente circulante en las bobinas, y como resultado el tren se desplazará a una distancia de aproximadamente un 1,5 cm del carril guía. Los electroimanes ubicados a los costados de la formación son los encargados de la guía lateral del vehículo, de manera que queda garantizado su centrado en la vía. La ventaja en este caso es que se utilizan electroimanes en vez de los superconductores que exige la suspensión EDS.

La levitación EDS se basa en la propiedad de ciertos materiales de rechazar cualquier campo magnético que intente penetrar en ellos. Esto se produce en elementos superconductores por el efecto Meissner. El superconductor rechaza las líneas de campo magnético, de manera que no pasen por su interior, y provoca la elevación del tren. Este sistema permite levitaciones de hasta 15 cm y posibilita contar con guías menos precisas, pues la distancia de flotación protege al vehículo de los daños que pequeñas deformaciones podrían producir. Además, un tren con suspensión EDS se amolda a las curvas y compensa la aceleración lateral inclinándose, de manera que no se percibe ninguna perturbación dentro del vehículo.

El sistema Inductrack salió a la luz a raíz de una investigación del doctor Richard Post, del Lawrenece Livermore National Laboratory. Inductrack es básicamente un sistema EDS que utiliza imanes permanentes, en vez de materiales superconductores, dispuestos en una distribución especial conocida como ordenación Halbach (*Halbach array*). En esta, barras magnéticas están dispuestas de manera que el campo magnético de cada barra esté orientado en un ángulo correcto con la barra adyacente para crear una fuerza de levitación lo suficientemente poderosa para hacer funcionar un maglev. La combinación de las líneas de campo magnético de esta ordenación resulta en un poderoso campo por debajo de la línea y prácticamente ninguno por arriba. Como en el sistema EDS, la levitación es generada por las fuerzas repulsivas entre el campo magnético de los imanes en la ordenación Halbach y el campo magnético inducido en la vía conductora por el movimiento de los imanes (ya que estos ocupan el lugar de los superconductores en el sistema EDS). La vía Inductrack contiene dos filas de bobinas que actúan como rieles. Cada uno de estos «rieles» está rodeado por dos ordenaciones Halbach de imanes, ubicadas debajo del vehículo: una posicionada directamente sobre el carril y la otra a lo largo de su lado interior. Los imanes sobre las bobinas hacen levitar al vehículo, mientras que los imanes a los lados de las bobinas se encargan del guiado lateral. Como en el sistema EDS, esta levitación es muy estable, ya que las fuerzas de repulsión aumentan exponencialmente al disminuir la distancia entre el vehículo y la guía. Como resultado de utilizar imanes permanentes, la levitación en un tren Inductrack es independiente de cualquier fuente de energía, en contraste con los complejos electroimanes en el sistema EMS o los costosos equipos criogénicos en el EDS.

El ingeniero Robert Hutchings Goddard fue el primero en plantear la idea de un tren que se desplazara por efecto de la levitación magnética.

CÓMO FUNCIONA LA LEVITACIÓN MAGNÉTICA

Se denomina levitación magnética al fenómeno por el cual un material puede, literalmente, flotar sin hacer contacto con la superficie gracias a la repulsión entre los polos iguales de dos imanes, o bien debido a lo que se conoce como «efecto Meissner», una propiedad inherente a los materiales superconductores. La superconductividad es una característica de algunos elementos que, por debajo de una temperatura crítica (cerca de los -270 °C), no se oponen al paso de la corriente eléctrica, es decir, no generan resistencia. Bajo esas condiciones, no solo son capaces de transportar energía eléctrica sin pérdidas sino que además tienen la propiedad de rechazar las líneas de un campo magnético aplicado. Esta capacidad de repulsión es el efecto Meissner. Así, cuando se acerca un imán a un superconductor, se genera una fuerza magnética de rechazo que es capaz de contrarrestar el peso del imán, lo que produce su levitación.

La utilización más extendida del fenómeno de levitación magnética se da en los trenes maglev, que usan las ondas magnéticas para suspenderse por encima de una vía o carril. La altura dependerá indefectiblemente del sistema en que se base su levitación. Pueden levitar por el sistema EMS (*electromagnetic suspension*) o por el sistema EDS (*electrodynamic suspension*), aunque también se realizan ensayos con el sistema Inductrack.

En el sistema EMS, la parte inferior del tren queda por debajo de una guía de material ferromagnético.

De las tres opciones, la más efectiva y experimentada hasta el momento es el sistema EDS, basado en el efecto Meissner, que permite que elementos superconductores rechacen las líneas de un campo magnético de manera que no pasen por su interior, para generar la elevación del tren. A diferencia de lo que ocurre en los trenes tradicionales, que se desplazan gracias al empuje de un motor que transmite su potencia a las ruedas que giran sobre carriles de acero, los maglev están suspendidos y son propulsados por imanes. Las formaciones flotan aproximadamente a 15 cm por encima de una guía sin generar fricción y a altas velocidades, sin vibraciones ni contaminación sonora. La clave para alcanzar rápidas aceleraciones y velocidades crucero elevadas son las fuerzas magnéticas que actúan entre imanes superconductores situados a bordo del tren y dos conjuntos de bobinas que se instalan en las paredes de la guía de hormigón con forma de «U». Esta tecnología se basa en el simple principio de atracción y repulsión magnética: los polos de un imán se atraen si son de distinto signo y se repelen si son iguales.

Para una mejor interpretación, pensemos que el funcionamiento de cualquier motor eléctrico surge del mismo principio, aunque en la tecnología maglev se aplica de otra manera. Un motor eléctrico convencional contiene una pieza móvil (denominada rotor) y otra estacionaria (el estator). Cuando se electrifica mediante una corriente alterna, el estator genera un campo magnético con polos alternos. Debido a que el rotor contiene imanes con polos fijos, se originan fuerzas de atracción y repulsión entre el estator y el rotor. Estas hacen que el rotor gire continuamente alrededor de su eje durante el tiempo que se suministra energía. El sistema maglev utiliza un propulsor lineal, que sería como un motor eléctrico tradicional pero abierto y dispuesto en una línea que se extiende a lo largo de la guía. Al igual que su par convencional, el motor lineal posee piezas móviles (los imanes superconductores en el tren) y piezas estacionarias (bobinas de propulsión en la guía), y cuando se aplica corriente el tren se impulsa a lo largo de la guía en lugar de girar sobre su propio eje.

El SCMaglev japonés de Yamanashi alcanzó la mayor velocidad registrada hasta el momento: 603 km/h.

A mayor electricidad, se genera mayor campo magnético. Un tren maglev necesita un campo 100.000 veces más potente que el de la Tierra. Entonces, para sacar el máximo provecho de la abundante energía requerida, se utilizan materiales superconductores que transmiten mejor la electricidad cuando su temperatura desciende por debajo de los 270 °C. Toda esa electricidad se propaga por los laterales de la guía de hormigón, pero en lugar de mantener electrificado todo el recorrido, solo se la aplica en los tramos por donde el tren circula, como si el motor del tren estuviera en las guías. En la base del vehículo, más imanes hacen que el tren flote cuando consigue la velocidad necesaria para «despegar», cerca de los 115 km/h. Mientras alcanza esa aceleración, unas ruedas de caucho lo mantienen en contacto con la superficie y se retiran en cuanto el vehículo levita, de manera similar al tren de aterrizaje de los aviones. Pero, a diferencia de los aviones, que aprovechan la resistencia del aire para despegar, en los maglev el aire no ayuda, ya que a alta velocidad el tren genera rozamiento y, en cierta medida, su avance se ve disminuido.

VENTAJAS Y DESVENTAJAS

La misma fuerza magnética que eleva el tren hace que avance y se mantenga centrado sin salirse de su carril. Esto permite que los viajes sean una experiencia sensorial placentera por la suavidad de su desplazamiento y que sean excepcionalmente seguros. La ausencia de contacto físico entre el carril y la formación hace que la única fricción experimentada sea con el aire, y esta se reduce en gran parte debido a la forma aerodinámica del vehículo.

Los maglev pueden viajar a altas velocidades durante más tiempo que un tren convencional y tienen la virtud de acelerar y desacelerar más rápido. Si bien el consumo de energía para mantener y controlar la polaridad de los imanes es elevado, el nivel de ruido es extremadamente bajo. Esa escasa rumorosidad constituye otra de las ventajas, ya que su tránsito por las ciudades es prácticamente inadvertido. Los últimos trabajos aseguran que los trenes de levitación pueden alcanzar una velocidad máxima de 650 km/h, aunque la cifra más alta registrada hasta el momento es de 603 km/h.

EL TREN JAPONÉS QUE BATE RÉCORDS

Tren maglev de Japón **603 km/h**

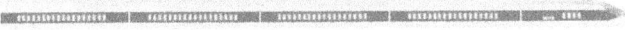

Tren maglev de China **430 km/h**

Auto de Fórmula 1 **321 km/h**

Tren bala japonés Shinkansen **320 km/h**

Eurostar **300 km/h**

Amtrak Acela (EE. UU.) **214 km/h**

Los maglev podrían convertirse en competidores directos del transporte aéreo. La tecnología de levitación magnética tiene el potencial de superar los 6.440 km/h –es decir, diez veces la cifra récord actual–, siempre y cuando el tren se desplace en un túnel al vacío, ya que la mayor parte del consumo de energía necesaria para la levitación se emplea para vencer la resistencia del aire. Otra virtud de esta tecnología es su bajo mantenimiento, porque solo es necesario tener a punto la electrónica, mientras que en un tren convencional hay que cuidar permanentemente su mecánica.

Como gran desventaja, los maglev requieren infraestructuras totalmente nuevas. Las vías como las conocemos en la actualidad no sirven, y las instalaciones específicas son muy costosas. Aquí reside uno de los límites que encuentran los trenes de levitación magnética para su uso comercial. Poner en funcionamiento una línea maglev exige un elevado costo en infraestructura para las vías o carriles, así como para la instalación del sistema eléctrico. Otro elemento no menos relevante es el alto consumo energético que demanda.

La línea Chuo Shinkansen, que unirá Tokio con Nagoya, entrará en operaciones en 2027.

RUTAS DE LEVITACIÓN

No existen muchas líneas maglev en funcionamiento, pero los trenes de levitación magnética, de aspecto futurista, están llamados a desempeñar un papel relevante en el transporte urbano del mañana. El primer transporte de pasajeros que incorporó esta tecnología fue llamado sencillamente Maglev y se trató de una línea monorraíl de baja velocidad, de escasos 600 m de extensión, que

conectaba el Aeropuerto Internacional de Birmingham, en el Reino Unido, con la estación de tren local. Pese a que gozó de gran popularidad en un primer momento, la falta de mejoras y de actualizaciones llevó a su decadencia y cierre definitivo. Su velocidad máxima era de 42 km/h y el servicio funcionó entre 1984 y 1995, cuando se lo clausuró por considerarlo obsoleto para operar.

Alemania comenzó a probar esta tecnología en 1979. En 1984 se iniciaron los primeros viajes de prueba del M-Bahn, una línea

La construcción de una obra de
gran magnitud con tecnología
maglev es muy onerosa.

elevada de 1,6 km de extensión, con tres estaciones diseñadas para
cubrir los huecos en la red de transporte a raíz de la interrupción
que representaba el Muro de Berlín. En agosto de 1989 se realizó el primer viaje de prueba con pasajeros, y apenas un par de
años más tarde, cuando la línea fue incorporada oficialmente al
transporte público local, fue dada de baja tras la reunificación de
Alemania y frente a la necesidad de reconstruir la línea convencional del U-Bahn.

Una década antes, las compañías Siemens y ThyssenKrupp deci-
dieron crear Transrapid para generar un transporte de alta velocidad con tecnología de levitación magnética. El Transrapid 05 fue
el primer tren con propulsión de estator largo patentado para el
traslado de pasajeros. Se instaló en Hamburgo para la Exposición
de Transporte Internacional de 1979, sobre un carril de 908 m. El
modelo despertó tanto interés entre los visitantes que funcionó
durante tres meses después de concluir la exposición y llegó a
transportar 50.000 pasajeros. Ese prototipo original y las actualizaciones que lo siguieron operaron en una pista de pruebas de
35 km en la región Emsland, en la Baja Sajonia.

En Japón, día a día se realizan ensayos en la pista de pruebas de Yamanashi, pero todavía los costos y otros problemas de
desarrollo dificultan la definitiva implementación de la tecnología maglev. El objetivo inicial de este proyecto es unir la ruta de
Tokio a Osaka, de 147 km, en menos de una hora. Una meta que
se alcanzará cuando la línea se prolongue desde Nagoya hasta
Osaka, situación que debería ocurrir en 2045. Un gran porcentaje de los carriles a construir para el tren maglev estará locali-
zado bajo tierra, atravesando núcleos de población y zonas mon-
tañosas. Las previsiones señalan que el costo del proyecto será
equivalente a 60.000 millones de euros.

En Japón también existe un sistema urbano de baja velocidad,
llamado Linimo, en la prefectura de Aichi (cerca de Nagoya), y en

el mundo, la otra línea comercial en servicio, también de baja velocidad, está operativa en Corea del Sur y une la ciudad de Incheon con su aeropuerto internacional.

Con el plan de financiar los altos costos de la tecnología maglev, Japón procura vender su sistema al extranjero. No bien se batió el récord en la pista de Yamanashi, las autoridades locales ofrecieron a Estados Unidos los avanzados conocimientos –sin incluir los costos de licencias– para construir una línea de alta velocidad en los 60 km que separan Washington DC de Baltimore, en una primera etapa, para llegar más tarde hasta Boston. En Estados Unidos, por otra parte, existen proyectos aislados, sin injerencia oficial ni gubernamental, con líneas que pretenden unir Nueva York con Washington DC o Los Ángeles con San Francisco.

TRANSRAPID TR09

El último modelo de Siemens y ThyssenKrupp

Producto de un largo proceso de desarrollo, fue el último **prototipo** que propuso la sociedad alemana. Sin embargo, la idea original de una innovadora tecnología surgida en la década de 1970 fue finalmente archivada, con casi medio siglo de experiencias y controversias sobre sus espaldas.

La aparición de dispositivos de guía con tecnología magnética introdujo una revolución en los trenes de alta velocidad.

El tren, como exitoso transporte de masas y de mercaderías, existe desde hace 190 años, y solo en los últimos cincuenta no se valió únicamente de ruedas y vías para desplazarse. Durante décadas los ingenieros buscaron la manera de reducir el rozamiento y el desgaste permanente de las piezas de los vagones y de los carriles del sistema tradicional, y para eso fue necesario no solo perfeccionar ruedas y vías, sino generar una verdadera revolución técnica.

Ese cambio sustancial se produjo con la aparición de los dispositivos de guía con tecnología magnética. De todas las propuestas, unos pocos ejemplos se concretaron en los últimos 25 años. El proyecto Transrapid se desplaza mediante la implementación del sistema EMS de suspensión magnética. El tren circula sobre una viga situada sobre pilares a varios metros de altura. La vía está constituida por una

estructura de hormigón que incorpora un sistema de levitación que eleva el tren a 15 mm, de modo que no existe rozamiento. A ambos lados de la vía hay electroimanes cuya función es guiar la formación y mantenerla en la posición correcta. La velocidad máxima comercial del Transrapid alcanza los 430 km/h, con lo cual supera a los trenes convencionales de alta velocidad, que logran velocidades de punta de 320 km/h. No obstante, se obtienen pocas ventajas en cuanto al consumo de energía. Sus principales contras residen en la imposibilidad de utilizar la red ferroviaria existente o de circular a nivel del suelo, la necesidad de contar con túneles de mayor sección, las estrictas demandas de limpieza de la vía y la lentitud de operación de los cambios de carril, que insumen un minuto y medio contra los cinco segundos, o menos, del ferrocarril convencional.

El Transrapid emplea el sistema
EMS de suspensión magnética.

En el momento del accidente realizaban una
prueba en las vías montadas sobre pilares de
hormigón a cinco metros de la superficie.

Un dato que refleja su escasa injerencia en el desarrollo global
de los trenes es que, durante los 40 años de experimentación
del Transrapid, se inauguraron en el mundo más de 9.500 km de
vías férreas con el sistema convencional rueda-carril y se calcula
que hay otros 9.300 km en proceso de construcción, según la
Unión Internacional de Ferrocarriles (Union Internationale des
Chemins de Fer).

UN TRASPIÉ MUY COSTOSO

Al contrario de lo que sentencia el refrán, en 2006 todo parecía
marchar «sin la necesidad de ruedas» para el Transrapid. La joya
de la tecnología alemana no tenía ruedas, ejes, motores ni tendido
eléctrico. Se movía gracias a la tracción del sistema electromagné-
tico sin rozar la vía y, a primera vista, parecía que se tragaba una
cinta y la expulsaba por detrás, mientras que para frenar solo se
debía invertir el sentido del campo magnético. La prensa local lo
elogiaba como «uno de los sistemas de transporte más seguros
de la actualidad». Si bien la velocidad máxima que podía alcanzar
en el tramo de prueba de Emsland era de 450 km/h, en condiciones óptimas podían ser 500 km/h. Pero, en contrapartida, había
que solventar los altos costos. Ese era el único punto en contra
hasta la mañana del 22 de septiembre de 2006, cuando 25 personas murieron y otras 10 resultaron heridas al chocar una formación experimental del Transrapid con un vagón-taller en la localidad de Lathen, al norte de Alemania.

El tren de levitación magnética llevaba 33 pasajeros en el
momento del accidente, mientras que en el vehículo de mantenimiento había dos operarios. Cuando fue el impacto, realizaban una
prueba a 200 km/h por las vías montadas sobre pilares de hormigón a cinco metros de la superficie. «Debido a esa altura, el rescate

resultó complicado y solo fue posible mediante la implementación de grúas y escaleras de bomberos. Siete horas después del accidente apenas se habían rescatado 15 cuerpos de entre los hierros. Restos del tren quedaron dispersos en 300 metros a la redonda debido al fuerte impacto, mientras que parte de los vagones colgaban de las vías», relataron los medios periodísticos de la época.

Algunos pasajeros que viajaban en el tren eran empleados técnicos del consorcio que lo fabricaba y llevaba a cabo las pruebas, pero también había familiares y amigos. El conglomerado promotor del proyecto Transrapid atribuyó las causas del accidente a un error humano y aseguró que no hubo un fallo técnico. El vagón-taller con el que chocó la formación recorría ese tramo todas las mañanas para limpiarlo de ramas de árboles, y estaba previsto que se retirase antes de que llegara el tren. El accidente se produjo en el mayor tramo que existe para pruebas, una pista situada en la región del Emsland, en Baja Sajonia. Un trayecto de 31,8 km construido específicamente para el Transrapid en 1987, entre las localidades de Lathen y Dörpen, cuyas pruebas se aprovechaban para pasear turistas, previo pago de un tique de unos 20 euros.

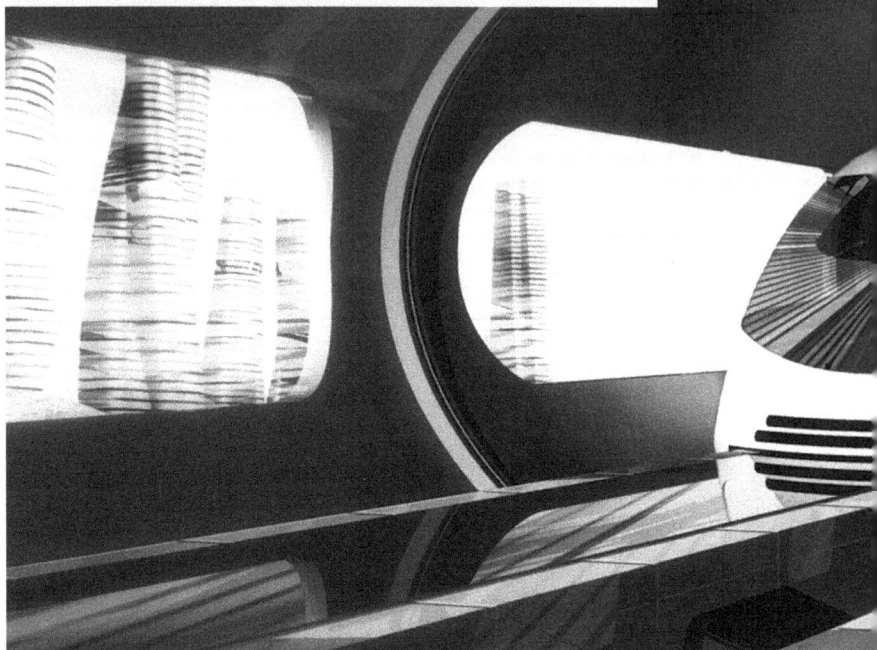

Comparado con los trenes convencionales, el Transrapid logra un notable ahorro de energía y brinda gamas de alta velocidad confortables y seguras.

El debate en Alemania sobre la validez o no del proyecto de un tren magnético llevaba décadas y, cuando ya varios modelos de las primeras generaciones del maglev estaban en los museos, no hubo consenso para habilitar un trayecto comercial que sirviera de vidriera de semejante tecnología de punta para el resto del mundo. El accidente fue un obstáculo más.

La única satisfacción que logró el proyecto fue la venta de la patente a China, donde el Transrapid TR08 está en servicio desde 2003, único modelo exitoso, conocido como Shanghai Maglev Train.

INTENTO POR RESURGIR

A mediados de 2007 se conoció la noticia sobre un nuevo vehículo producido en las instalaciones de ThyssenKrupp, en Kassel, que mantenía un programa constante de pruebas en la pista de Emsland. Bautizado Transrapid TR09, se construyó con el apoyo financiero de la industria y el gobierno alemán, y se trataba de

una evolución del Transrapid TR08 que opera en China, como un repaso en limpio de la tecnología anterior, que comenzó con un servicio de prueba regular, a una velocidad máxima de hasta 400 km/h. Recién en mayo de 2009 obtuvo la autorización para el transporte público, por lo que sus viajes incluyeron pasajeros con personal especializado. Si bien en Shanghái ya logró un registro superior a los 500 km/h, la velocidad máxima alcanzada en la pista de pruebas alemana fue de 450 km/h. Más allá de la marca horaria, los informes de Lathen contenían solo elogios para el TR09. «Desplazamientos rápidos y relajados como con ningún otro tren convencional. Alta aceleración sin perder el confort. La falta de contacto con las vías, que hace flotar el tren y su alimentación eléctrica sin contacto, produce mucho menos ruido en comparación con los trenes tradicionales. Se evita la ocupación de terreno para poder disfrutar del paisaje y se puede utilizar toda la superficie que se encuentra debajo del tren», especificaban los reportes más favorables. Esto fomentó que volvieran a salir a la luz varios proyectos para implementar el Transrapid en diversas regiones de Alemania.

El proyecto del tren maglev destinado a colocar a Alemania en el podio de las naciones exportadoras de tecnología de punta fue archivado.

Uno de ellos fue una conexión entre Berlín y Hamburgo, así como un modelo menor, denominado «Metro-rapid», que debía circular por ciudades de la cuenca del Ruhr.

También se habló mucho sobre una línea que uniría el Aeropuerto de Múnich y el centro de la capital bávara. La construcción de sus 37 km demandaba una inversión de 1.850 millones de euros. La discusión central entre las autoridades del Estado de Baviera y la administración central se centró en el alto costo, y mientras el primer ministro bávaro pedía que la mayor parte fuera costeada por el gobierno alemán y la empresa de ferrocarriles Deutsche Bahn, los funcionarios gubernamentales exigían que Baviera se hiciera cargo de su financiación. Finalmente, el proyecto del tren maglev que estaba destinado a colocar a Alemania en el podio de las naciones exportadoras de tecnología de punta fue archivado.

UNA CRONOLOGÍA DE MARCHAS
Y CONTRAMARCHAS

1971 El primer prototipo de Transrapid es presentado a la prensa el 6 de mayo, en Múnich, por la empresa Messerschmitt-Bölkow-Blohm (MBB). El vehículo, con capacidad para cuatro pasajeros, circula sobre una vía de pruebas de 660 m a una velocidad máxima de 90 km/h.

1972 Empresas como AEG-Telefunken, BBC y Siemens comienzan a desarrollar sus sistema de levitación magnética mediante EDS (repulsión por medio de superconductores). La firma MAN construye una vía de pruebas circular de 900 m de largo en Erlangen, así como el vehículo de pruebas EET 01 con tecnología EMS (levitación electromagnética), que alcanza una velocidad máxima de 401,3 km/h.

Krauss-Maffei presenta el prototipo Transrapid TR04. En tanto, su par Thyssen Henschel construye instalaciones de baja velocidad en Kassel para el ensayo de varios vehículos.

1977 El Ministerio Federal de Investigación y Tecnología (BMFT) se decide por el sistema de levitación magnética con propulsión mediante motor lineal (EDS) y frena el desarrollo del sistema EMS que se experimentaba en Erlangen.

1978 El consorcio Magnetbahn Transrapid inicia las obras del circuito de pruebas para la tecnología EMS en Emsland.

1979 Circula el primer maglev aprobado para el transporte de personas (Transrapid TR05) en la Exhibición Internacional de Transporte de Hamburgo.

1980 Thyssen Henschel se hace cargo del desarrollo de la formación exhibida en Hamburgo e inicia la construcción del Transrapid TR06.

1983 Comienzan las pruebas del Transrapid TR06, diseñado para alcanzar una velocidad de 400 km/h.

1985 Se inicia la segunda etapa de las obras para la pista de pruebas en Emsland, y se le incorporan dos tramos circulares para alcanzar una distancia total de 31,8 km.

1987 El Transrapid TR06 es equipado con un sofisticado sistema de levitación y guía. En un ensayo, alcanza 392 km/h en las instalaciones de Emsland.

1988 Son habilitadas las primeras pruebas operativas en condiciones de servicio. El tren alcanza un nuevo récord de 412,6 km/h. En la Exhibición Internacional de Transporte se presenta al público el Transrapid TR07, con una velocidad máxima operativa estimada en 500 km/h.

1989 El TR07 circula a 436 km/h en una prueba realizada el 15 de diciembre. El gobierno federal de Alemania, que había decidido construir una línea entre Colonia y Düsseldorf, abandona el proyecto para estudiar otros enlaces.

1991 Luego de extensas pruebas y análisis, los Ferrocarriles Federales Alemanes, en cooperación con varias universidades, reconocen que el sistema magnético de alta velocidad Transrapid está listo para ser operado regularmente.

1992 El gobierno federal de Alemania decide incluir la línea Berlín-Hamburgo en el Plan Federal de Transporte.

1993   El Transrapid TR07 alcanza los 450 km/h. La empresa Magnetschnellbahn Berlin-Hamburg GmbH, en colaboración con varios bancos, presenta al gobierno el programa «Concepto para la Financiación y Operación por el sector privado del sistema magnético de alta velocidad Berlín-Hamburgo».

1994   El gobierno federal de Alemania prioriza la construcción de la línea Berlín-Hamburgo, y se aprueba en el Parlamento la Ley de Planeamiento de Sistemas Maglev.

1997   Luego de varios análisis y estudios, los Ferrocarriles Alemanes (DB AG) deciden hacerse cargo de la titularidad y operación del enlace Berlín-Hamburgo.

1998   El 5 de mayo, las firmas Adtranz, Siemens y Thyssen crean el consorcio Transrapid International para concentrar todos los desarrollos del sistema.

1999   Un Transrapid TR08 de preproducción inicia los ensayos en el circuito de pruebas de Emsland.

2000   El 5 de febrero, el gobierno federal de Alemania, los Ferrocarriles Alemanes y Transrapid International anuncian que la línea Berlín-Hamburgo no será ejecutada sobre la base de ninguno de los escenarios estudiados desde 1997. Argumentan que la modernización del ferrocarril existente cubre ampliamente la demanda con apenas unos minutos más de viaje. Otro motivo es el alto costo de la construcción de la línea de 292 km y la dificultad para integrarla con el centro urbano.

100

El gobierno, los ferrocarriles y algunos estados federados comienzan a estudiar cinco tramos alternativos para implantar una línea Transrapid (conexiones urbanas desde los aeropuertos de Múnich y Berlín, un Metrorapid en Renania del Norte y Westfalia, una línea desde el norte hasta los Países Bajos, la unión de los aeropuertos Meno y Hahn de Frankfurt).

El 30 de junio se firma un acuerdo entre Transrapid International y la ciudad china de Shanghái para realizar los estudios de una línea de 30 km entre su aeropuerto y una estación de metro en las afueras del casco urbano.

El 27 de octubre se firma un compromiso para efectuar estudios de viabilidad para la construcción de una línea de 37 km entre Múnich y su aeropuerto, así como para los 80 km iniciales de la conexión Metrorapid entre Dortmund, Essen y Düsseldorf.

2002   El 21 de enero, el Ministerio Federal de Transporte presenta en Berlín los resultados oficiales de los estudios de viabilidad para dos posibles rutas del Transrapid. La ruta bávara entre la estación central de Múnich y el aeropuerto y la ruta del área del Ruhr podían ser operadas sin dificultad desde los puntos de vista económico, medioambiental y técnico. Al día siguiente se anuncia la decisión oficial de dividir la financiación federal para los proyectos entre los estados federados de Renania del Norte-Westfalia y Baviera. Para el sistema Metrorapid el gobierno anuncia una contribución de 1.750 millones de euros y para la ruta al aeropuerto de Múnich, una inversión de 550 millones de euros.

El 1 de marzo, el Parlamento Estatal en Düsseldorf aprueba la construcción del proyecto Metro-rapid y asigna al presupuesto 23 millones de euros adicionales para la fase de planificación.

2003   En marzo, Renania del Norte-Westfalia renuncia a construir el Metrorapid entre Dortmund y Düsseldorf.

       El 19 de septiembre comienza la fase de planificación legal para la primera aplicación del Transrapid en Alemania, la conexión al aeropuerto de Múnich. El 25 se firma en Múnich el contrato para la ingeniería del sistema de la línea.

2004   El 20 de diciembre, el Ministerio Bávaro de Asuntos Económicos, Transporte y Tecnología y directivos de Ferrocarriles Alemanes (Deutsche Bahn AG) comunican que solo DB AG se hará cargo del proyecto Transrapid en Múnich. El Estado de Baviera transfiere el 50% de las acciones de la empresa administradora (BMG) a DB AG.

2005   Los Ferrocarriles Alemanes (DB AG) intentan la aprobación de la línea maglev de Múnich. En agosto, la Compañía del Ferrocarril Magnético de Baviera (BMG) se convierte en una filial de DB AG. Siemens, ThyssenKrupp y Transrapid International firman un contrato con el Ministerio de Transporte, Construcción y Urbanismo de Alemania para el desarrollo de la tecnología Transrapid.

2006   El 30 de marzo comienzan las audiencias referentes al enlace entre la estación central de Múnich y el aeropuerto internacional. DB Magnetbahn (la división maglev de Ferrocarriles Alemanes) entrega los estudios realizados sobre las comunidades y grupos de interés afectados por el proyecto.

       El 22 de diciembre se produce el trágico accidente del vehículo de pruebas TR08 en el circuito de Emsland.

2007   El 19 de abril llega a Emsland la primera sección del Transrapid 09 para iniciar sus ensayos.

       El 24 de septiembre el Gobierno de Baviera, Ferrocarriles Alemanes (Deutsche Bahn AG) y el consorcio constructor firman un acuerdo para la implementación del Transrapid en Múnich. Del costo total proyectado en 1.850 millones de euros, el gobierno federal promete aportar 925 millones, Baviera 490 millones, los Ferrocarriles Alemanes 235 millones, el aeropuerto 100 millones y la Unión Europea 50 millones.

2008   El Ministerio Federal de Transporte y el Gobierno de Baviera deciden cancelar el proyecto del Transrapid entre Múnich y su aeropuerto dado que el presupuesto inicial de 1.850 millones pasó a ser de más de 3.000 millones.

       El 10 de diciembre, el Ministerio de Economía de Baja Sajonia anuncia que las pruebas en el circuito de Emsland cesarán el 30 de junio de 2009. El costo para desmantelar las instalaciones se estima en 40 millones de euros.

2009   El 24 de mayo es reabierto el circuito de pruebas de Emsland para recorridos de ensayo, luego de comprobar que no existen riesgos de seguridad. Solo se permiten 20 pasajeros por viaje.

2011   Última noticia aparecida en la prensa española sobre la posibilidad de construir un tren de cercanías con tecnología maglev proveniente del Transrapid TR09, en la isla de Tenerife.

Pese a lo esperado, el circuito de pruebas de
Emsland fue reabierto, luego de comprobar
que no existían riesgos de seguridad.

Transrapid Info-Center →
Täglich von 10 bis 19 Uhr geöffnet. Eintritt frei.

EL MAGLEV DE SHANGHÁI

Una prueba exitosa a la espera de una mejor oportunidad

Pese a su corto recorrido y a su alto costo operativo, la línea que une la estación de Metro de Longyang Road con el Aeropuerto Internacional de Pudong en Shanghái es el único tren maglev comercial en actividad.

Por su capacidad para acortar distancias, el sistema de transporte de levitación magnética es el más adecuado para el movimiento en masa entre centros urbanos.

106

El vasto territorio y la cuantiosa población de la República Popular China generan un enorme potencial para el mercado del transporte de media y larga distancia, con recorridos de entre 800 y 1.500 km. En el siglo XXI, con el rápido y sostenido desarrollo de su economía y el progreso de la sociedad, surgió una intensa demanda de transporte de pasajeros que requieren trenes de alta velocidad. Debido a sus capacidades para acortar distancias, el sistema de levitación magnética aparece como el más adecuado para el movimiento en masa entre centros urbanos separados por cientos de kilómetros. No caben dudas de que será uno de los medios de transporte más importantes para tener en cuenta al seleccionar un sistema masivo para pasajeros.

En 1999, mientras se estudiaba la viabilidad de un ferrocarril de alta velocidad entre Beijing y Shanghái, algunos expertos sugirieron que, en vista de sus numerosas ventajas (sin rozamiento, rapidez, bajo consumo de energía, menor impacto ambiental, etc.), una opción a considerar fue la tecnología maglev. Además, teniendo en cuenta que el Transrapid de alta velocidad había recorrido sin inconvenientes más de 600.000 km en las pruebas realizadas en Alemania, y que el gobierno alemán había declarado que su tecnología estaba madura, solicitaron al Estado chino

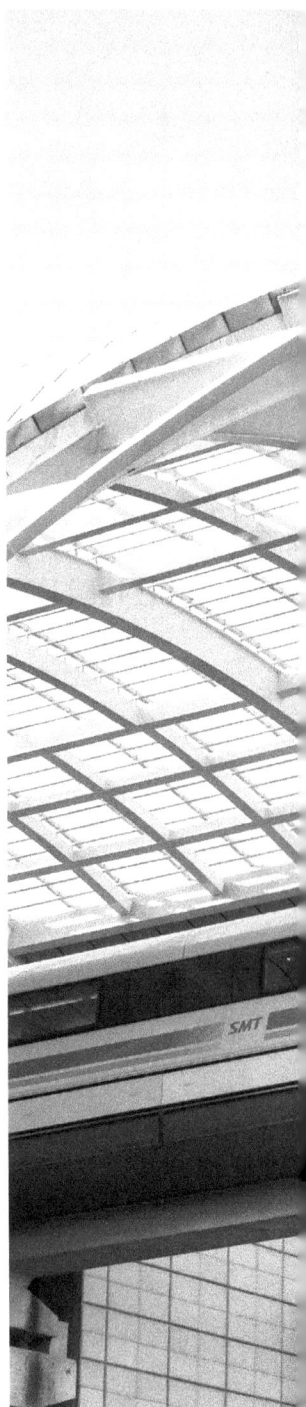

Shanghái fue elegida para la construcción del primer tren maglev en China.

La línea que une el Aeropuerto
Internacional de Pudong y la estación
de metro de Longyang Road a Beijing en
Shanghái tiene un recorrido de 30 km.

evaluar la posibilidad de utilizar trenes maglev en la futura línea
Beijing-Shanghái. A su vez, la mayoría de los expertos en ferrocarriles convencionales plantearon su objeción y pensaban que la
tecnología actual de alta velocidad se había mostrado eficaz luego
de muchos años de práctica y se habían logrado avances significativos en su desarrollo. Sostenían que, a pesar de las ventajas de
los trenes maglev y de los desarrollos efectuados en varios países,
la tecnología seguía en una fase experimental, por lo cual su supe-
rioridad tecnológica, su seguridad y rendimiento económico aún
no se habían demostrado con certeza.

En la controversia, cada parte se apegaba a sus puntos de vista,
y luego de un cerrado debate los expertos finalmente llegaron a
una visión común y sugirieron que primero se construyera un seg-
mento de línea de demostración comercial para verificar la madu-
rez, disponibilidad, economía y seguridad del sistema maglev. Tal
sugerencia tuvo el apoyo de los líderes del Consejo de Estado y
Shanghái fue elegida, en junio de 2000, como el sitio de emplaza-
miento, después de un estudio en el que también se evaluaron las
ciudades de Beijing y Shenzhen.

DESEMBARCO ALEMÁN

El maglev de Shanghái fue la tercera línea de tren de alta velocidad en operar mediante levitación magnética, y es la única
en la actualidad que se mantiene activa. Fue precedida por los
maglev de Birmingham y el M-Bahn de Berlín, que eran de baja
velocidad, por lo que debe ser considerada como la primera
línea maglev comercial más rápida del mundo. Su construcción
comenzó el 1.º de marzo de 2001 y el servicio público fue inaugurado el 1.º de enero de 2004. La máxima velocidad comercial
operativa es de 431 km/h. Sin embargo, durante una prueba

fuera de servicio realizada el 12 de noviembre de 2003 una unidad maglev alcanzó el récord de 501 km/h.

Cada formación tiene una longitud de 153 m, 3,7 m de ancho y 4,2 m de alto. La configuración de la disposición interior se reparte en tres clases y cuenta con una capacidad total de 574 pasajeros. Los trenes fueron construidos por la empresa alemana ThyssenKrupp de Kassel, con años de pruebas y mejoras de sus unidades Transrapid.

Los carriles para el desplazamiento del Shanghai Maglev fueron realizados por compañías chinas. A raíz de las condiciones aluviales del suelo del área de Pudong, debieron modificar el diseño original de la pista, que comprendía una columna de soporte cada 50 m, y llevarlo a una columna cada 25 m, para garantizar que se cumplieran los criterios de estabilidad y precisión. La construcción incluyó la colocación de miles de pilotes de concreto, enterrados

> Durante el primer período de servicio el Shanghai Maglev
> operó aproximadamente al 20% de su capacidad.

a profundidades de hasta 70 m para lograr la estabilidad de los cimientos de las columnas de soporte. La línea discurre a aproximadamente 8 m sobre el nivel de las construcciones urbanas.

La inauguración oficial se produjo el 31 de diciembre de 2002, con la presencia del primer ministro chino Zhu Rongji y el canciller alemán Gerhard Schröder. El costo del proyecto fue de 1.200 millones de euros, monto que comprendió la infraestructura motriz (locomotoras maglev), los sistemas energéticos electromagnéticos de generación, distribución y almacenaje, y las instalaciones de mantenimiento.

La línea completa se extiende por 30 km entre el Aeropuerto Internacional de Pudong y la estación de metro de Longyang Road, donde los pasajeros pueden transbordar a las líneas 2, 7 y 16 del metro de Shanghái para continuar su desplazamiento hasta el centro de la ciudad. El viaje completo demora 7 minutos y medio, a una velocidad promedio de 240 km/h. El tren puede alcanzar 350 km/h en 2 minutos, con una velocidad pico de operación normal de 431 km/h, un minuto más tarde. Este desplazamiento máximo es normal en las franjas horarias de alta velocidad, en tanto que durante las franjas de baja velocidad la máxima no supera los 300 km/h.

El servicio es operado por la compañía Shanghai Maglev Transportation Development, con frecuencias diarias entre las 6.45 y las 21.40, con salidas cada 15 o 20 minutos según la franja horaria. El precio del pasaje básico de ida es de 50 yuanes (5,2 euros), mientras que el de ida y vuelta tiene un valor de 80 yuanes (8,4 euros). Quienes cuentan con un tique de vuelo obtienen un descuento, y el pasaje en clase VIP cuesta el doble. Para tener una referencia de su costo y los tiempos que insume, el metro de Shanghái realiza el mismo trayecto con la línea 2 y el viaje demora 50 minutos, con un pasaje que cuesta 6 yuanes por tramo (12 yuanes la ida y vuelta).

UNA CRONOLOGÍA A TODA MÁQUINA

2000   El 30 de junio, funcionarios de Shanghái y directivos de Transrapid Internacional firman un acuerdo para realizar un estudio de viabilidad para la construcción de una línea de 30 km entre el nuevo aeropuerto internacional de Pudong y una estación de metro en las afueras de la ciudad. Dos días después, el primer ministro Zhu Rongji, el alcalde Xu Kuangdi y una delegación que incluye al ministro federal de Transporte Reinhard Klimmt viajan en el Transrapid 08, en el circuito de Emsland.

2001   El 23 de enero se firma un contrato entre la ciudad de Shanghái y el consorcio industrial formado por Siemens, ThyssenKrupp y Transrapid International para construir el enlace al Aeropuerto.

El 2 de noviembre, con la presencia del primer ministro Zhu Rongji y del canciller alemán Gerhard Schröder, se coloca la piedra fundamental del primer tramo de guía en Shanghái.

2002   El 20 de junio, la primera sección del Transrapid TR08 destinado a Shanghái sale de la planta de ThyssenKrupp en Kassel. El 9 de agosto, tres secciones llegan a Shanghái. En septiembre, después del reensamblado del tren en el centro del mantenimiento, comienza el período de pruebas. En noviembre, durante los ensayos, el tren supera repetidamente los 440 km/h; la velocidad máxima comercial será de 430 km/h. El 31 de diciembre se realiza el viaje inaugural del primer servicio comercial entre Shanghai Longyang Road y el Aeropuerto de Pudong. A bordo van el primer ministro Zhu Rongji, el canciller Gerhard Schröder y autoridades políticas y empresariales de ambos países.

114

2003   Durante el período de pruebas, más de 80.000 visitantes son transportados a 430 km/h durante los fines de semana. En mayo inicia la operación simultánea de varios trenes. El 12 de noviembre, una de las formaciones alcanza los 501 km/h. El 29 de diciembre comienza a operar en servicio regular la primera línea comercial del mundo.

2004   El 3 de julio la línea llega al millón de pasajes vendidos.

2005   El 8 de diciembre el Shanghai Maglev alcanza los 5 millones de pasajeros transportados y extiende el horario de operación a 14 horas diarias.

2006   En febrero se aprueba la extensión de la línea hasta Hangzhou. El proyecto finalmente queda en suspenso por las protestas de los habitantes de las zonas urbanas por donde pasaría la línea. Hacia junio, más de 7 millones de pasajeros han viajado en el Transrapid. El 11 de agosto hay un foco de incendio en uno de los compartimentos de un tren a causa de un fallo en los sistemas eléctricos. Todos los pasajeros son rescatados, pero se evidencia la dificultad para los procesos de evacuación y de extinción del fuego debido a su circulación a gran altura.

2008   En octubre, las cifras de pasajeros transportados alcanzan los 8 millones.

El 25 de julio comienzan los trabajos de extensión de la línea 2 del metro de Shanghái, desde Longyang Road hasta el Aeropuerto Internacional de Pudong: son 30,8 km, con doce estaciones, nueve de las cuales son subterráneas.

2010   Quedan inauguradas las obras de extensión del metro que permiten viajar de manera directa desde el centro de Shanghái hasta el Aeropuerto de Pudong, sin tener que hacer la conexión con el maglev.

UNA DEMOSTRACIÓN SIN ÉXITO

El Shanghai Maglev ha exhibido una puntualidad en sus horarios de servicio diarios del 99,9% y es en todo sentido más eficiente que cualquier otro tren del sistema tradicional. Aun cuando la metrópoli fuera arrasada por un tornado, el servicio no se vería afectado, ya que «abraza» las vías y la energía eléctrica que lo abastece es trasladada sin contacto (no existen catenarias que puedan ser perjudicadas por vientos excesivos). Durante el primer período de servicio, la línea operó aproximadamente al 20% de su capacidad, en parte, según los responsables, por la reducida longitud del trayecto y el bajo coeficiente de penetración en las áreas más pobladas de Shanghái. Tras la inversión inicial de 1.200 millones de euros, la balanza de pagos de la línea experimentó un enorme déficit desde su apertura. La compañía tuvo muchas pérdidas y en 2006 propuso una extensión hacia la localidad de Hangzhou y la ampliación de la conexión hasta el Aeropuerto Internacional de Hongqiao. Pese a que la ejecución fue aprobada y planificada para 2010, el proyecto finalmente fue suspendido por las protestas públicas debido a los temores acerca de posibles daños a la salud por la presencia de campos electromagnéticos en las áreas de tránsito.

La falta de rentabilidad de la línea derivó, finalmente, en su desplazamiento como proyecto de prueba para el futuro de la infraestructura ferroviaria china. Aquella discusión para ver qué tecnología debía prevalecer en los trenes de alta velocidad para unir Beijing con Shanghái tuvo una definición: se optó por mantener la tecnología convencional en la construcción de un ramal de 1.300 km de extensión, a un costo estimado en 17.000 millones de euros.

Hacia octubre de 2008 el Shanghai Maglev había transportado 8 millones de pasajeros.

ÚLTIMOS MODELOS

Ideas, intenciones y proyectos en pleno desarrollo

De los trenes iLint con pilas de hidrógeno a los «trenes voladores» de China, pasando por el duelo CRRC *versus* Chuo Shinkansen de la tecnología maglev, y el Hyperloop de Elon Musk. Lo que nos depara el futuro cercano.

A medida que progresa la tecnología, el transporte se hace cada vez más rápido y sustentable, y los trenes no son una excepción. Sin embargo, hay que tener en cuenta que, con las grandes velocidades, siempre surgen grandes inconvenientes.

Viajar a mucha velocidad implica aceptar ciertos riesgos, ya que el cuerpo humano simplemente no fue creado para experimentar y soportar altas aceleraciones (de ahí la sensación de mareo o malestar estomacal que algunos padecen cada vez que despega o aterriza un avión). Por otro lado, para que un tren viaje realmente «rápido» sobre las vías, primero debe apartar el aire del camino, un trabajo que implica disponer de mayor potencia. Por ejemplo, para correr a 480 km/h se utiliza aproximadamente 25 veces más potencia que para hacerlo a 160 km/h. Sucede que en la superficie terrestre el aire es mucho más denso que a 12.000 m de altura, donde habitualmente se desplazan los aviones comerciales. Sobre la vía, eso significa mayor resistencia y, por ende, más vibraciones. No obstante, la mayoría de las compañías operadoras de líneas férreas buscan viajar a mayores velocidades, y por eso invierten y se comprometen en proyectos y diseños innovadores con la intención de que los trenes sean más rápidos y cómodos al mismo tiempo. Su anhelo es que, algún día, el tren pueda desplazarse casi o tan rápido como un avión.

Si los trenes simplemente pudieran viajar en línea recta y sin ninguna pendiente, las grandes velocidades no serían un problema, pero la situación se complica con

En Asia, países líderes en la materia como China y Japón pretenden resolver el problema de infraestructura con la tecnología maglev.

la presencia de curvas y desniveles, especialmente en Europa, donde las líneas de ferrocarril siguen rutas antiguas. En el Viejo Continente, algunos trenes son capaces de alcanzar los 400 km/h de velocidad máxima, pero es raro que lleguen a esa cifra, ya que deben compartir sus recorridos con trenes más lentos. En Asia, países líderes en la materia como China y Japón pretenden resolver el problema de infraestructura con la tecnología maglev, que directamente utiliza otras vías. El Shanghai Maglev alcanza los 430 km/h y el SCMaglev que se prueba en Japón demostró que puede llegar a los 500 km/h. Para ir aún más rápido y evitar las turbulencias, hay que recurrir a túneles con un tubo de vacío que reduzcan la resistencia del aire. Ideas y proyectos existen a montones, pero prototipos, con nuevas y costosas tecnologías que comiencen a dar resultados, muy pocos.

122   CORADIA ILINT (CON PILA DE HIDRÓGENO)

Europa cuenta con 80.000 km de vías que no están electrificadas. Se trata aproximadamente del 40% de las principales líneas ferroviarias, que son transitadas por unos 12.000 trenes diésel. Desde septiembre de 2018, los dos primeros trenes de hidrógeno en el mundo, producidos por la empresa Alstom, ya prestan servicios regulares de pasajeros sobre esas mismas vías. Las unidades bautizadas Coradia iLint transitan el corredor que une las ciudades alemanas de Elbe y Weser, en el estado de Baja Sajonia.

La compañía Alstom se dedica a buscar soluciones de transporte sostenible. Produce buses y microbuses eléctricos, metros y vehículos autónomos para distribución urbana, así como sistemas integrados, servicios personalizados, infraestructuras,

La tecnología iLint se basa en modelos análogos a los propulsados por diésel, pero en el techo llevan un tanque de hidrógeno y pilas como combustible.

señalización y soluciones de movilidad digital. Y no todo es con base en el hidrógeno. En el caso de los trenes alemanes, la tecnología iLint se basa en modelos análogos a los propulsados por diésel, pero en el techo llevan un tanque de hidrógeno y pilas como combustible. Las pilas transforman el hidrógeno en energía para alimentar los dos motores eléctricos. En lugar de dióxido de carbono, hollín y material particulado, los silenciosos motores de hidrógeno emiten únicamente vapor de agua. Además, otras dos pesadas baterías almacenan la energía de frenado y el exceso de energía de la pila para luego reutilizarlas. Los depósitos de hidrógeno tienen una capacidad de 90 kg cada uno, y con el suplemento de una estación de repostaje a mitad de camino (la carga demora 15 minutos, a una presión de 350 bares) los trenes consiguen una autonomía de entre 800 y 1.000 km, a una velocidad máxima de 140 km/h, con una capacidad de aceleración y frenado equiparable a los trenes diésel que circulan en la actualidad.

Según los expertos, la combinación de hidrógeno y pilas de combustible es la propulsión ideal desde el punto de vista del cuidado ambiental, aunque los detractores argumentan que, como el hidrógeno puro no se encuentra en la naturaleza y se tiene que separar de compuestos como el agua, se requieren grandes cantidades de energía para obtenerlo, energía que a su vez no necesariamente proviene de fuentes renovables. La compañía fabricante aceptó la observación y comunicó que existen proyectos para que, en el futuro, el hidrógeno se produzca utilizando energía eólica.

Algunos estados federados de Alemania como los de Renania del Norte-Westfalia, Baden-Württemberg y Hesse también están interesados en los trenes de pila de combustible, por lo que se espera que a partir de 2021 entren en servicio 14 unidades del Coradia iLint. Cabe destacar que, de momento, el principal obstáculo para implantar esta modalidad de transporte es la falta de estaciones de servicio de hidrógeno, por lo cual la empresa promotora realizó acuerdos con los diferentes gobiernos para construir puestos de abastecimiento que permitan a los futuros trenes regionales recargar sus depósitos.

A la par de la experiencia alemana, se conoció recientemente que el administrador de las infraestructuras ferroviarias neerlandesas y las autoridades de la provincia de Groningen firmaron un

123

El administrador ferroviario neerlandés y las autoridades de Groningen firmaron un acuerdo con Alstom para un proyecto piloto con trenes impulsados por pila de hidrógeno.

En 2019, la compañía estatal China Railway
Rolling Stock Corporation presentó un tren
maglev que podría alcanzar los 600 km/h.

acuerdo con Alstom para un proyecto piloto, que incluyó pruebas
con el Coradia iLint. Buscaron comprobar la capacidad de la tecnología de hidrógeno como alternativa al diésel a lo largo de los
1.000 km de líneas no electrificadas que poseen los Países Bajos.
Alstom también informó que mantiene negociaciones con otros
países europeos y con representantes gubernamentales de Estados
Unidos. La empresa francesa busca, como primera medida, comer-
cializar paquetes integrales que incluyan el tren, su mantenimiento y las posibilidades de suministro de energía.

126 TECNOLOGÍA MAGLEV A 600 KM/H

Desde que se implementó el servicio Shanghai Maglev que une
el aeropuerto de Pudong con uno de los suburbios de la ciudad,
China comenzó a experimentar con tecnología propia basándose
en el fenómeno de la repulsión magnética, mediante el cual se
reduce la fricción con las vías y los trenes pueden viajar a velocidades mucho mayores que las habituales. A mediados de 2019,
la compañía estatal China Railway Rolling Stock Corporation
(CRRC) mostró un tren de pasajeros con sistema maglev que
podría alcanzar los 600 km/h. Si bien el prototipo se encuentra
en el período final de pruebas, se espera que entre en producción a partir de 2021. La formación, que tiene líneas dignas de
un vehículo de ciencia ficción, fue presentada en la ciudad orien-
tal de Qingdao (donde se halla la línea de ensamblaje), y el objetivo del tren cuando esté operativo es competir directamente con
algunos vuelos comerciales. El ingeniero jefe adjunto de CRRC,
Ding Sansan, explicó a la prensa: «Si tomamos como ejemplo un
viaje de Beijing a Shanghái y contamos el tiempo de preparación
para el viaje en avión, este tarda aproximadamente 4 horas y
media; el tren de alta velocidad inaugurado en 2009 (que alcanza

los 350 km/h) demora unas 5 horas y media, en tanto que con el tren de levitación magnética podrá realizarse en solo 3 horas y media». El siguiente paso dentro del proyecto de desarrollo fue autorizar a la filial CRRC Qingdao Sifang para que comience con las obras de una vía experimental para realizar ensayos.

Los avances en materia de tecnología maglev son el resultado de un plan de inversión millonario que el gobierno chino aprobó para el período 2016-2021. El objetivo final es expandir la red ferroviaria del país, especialmente la de alta velocidad, para competir con la de Japón y relanzar el desafío asiático de poseer el tren más rápido y sustentable.

LA LÍNEA CHUO SHINKANSEN (CON TECNOLOGÍA MAGLEV)

Japón trabaja para construir la línea ferroviaria más rápida del mundo con tecnología de levitación magnética. Luego de que un tren maglev de Japan Railway alcanzara en 2015 un máximo de 603 km/h en una pista experimental en Yamanashi, el gobierno y las empresas directamente involucradas en el proyecto aceleraron el desarrollo de una nueva línea, la Chuo Shinkansen, con formaciones diseñadas para alcanzar velocidades cercanas a los 500 km/h.

El tren más rápido del mundo viajará entre Tokio y Osaka, cubriendo una distancia de más de 400 km a una media de 505 km/h. El Linear Chuo Shinkansen utilizará lo último en tecnología de levitación magnética que la compañía Central Japan Railways Co (JR Central) ha ensayado recientemente. Más de medio siglo después del primer viaje realizado por el Tokaido Shinkansen (el primer tren bala), el transporte ferroviario en Japón se encuentra en un nuevo punto de inflexión.

Los planes indican que la línea entrará en servicio por etapas. La primera conectará la estación Shinagawa, en Tokio, con la estación JR de Nagoya, en 2027. Cubrirá 286 km en solo 40 minutos (mucho menos que la hora y media necesaria con la línea

El ferrocarril de alta velocidad en Japón siempre fue considerado estratégico para el desarrollo económico.

Tokaido), y alrededor del 80% del recorrido será bajo tierra. La segunda fase comprende la extensión de los trabajos hasta Osaka (otros 153 km), a concretarse antes de 2045. La línea pasará por debajo de ciudades como Tokio, donde se realizaron excavaciones para un túnel lo suficientemente grande como para acomodar los nuevos trenes. Al momento de comenzar los trabajos, se cavó un orificio en la tierra de 36 m de ancho y 83 m de profundidad para poder bajar la maquinaria necesaria.

El ferrocarril de alta velocidad en Japón siempre fue considerado estratégico para el desarrollo económico. Su importancia fue sancionada en 1970 mediante la Ley Nacional de Desarrollo Ferroviario de Shinkansen, que aún auspicia el desarrollo de líneas de alta velocidad en el país. El proyecto para construir una conexión maglev de alta velocidad entre Tokio y Osaka se remonta a 1973, cuando se realizó el primer estudio de factibilidad. Entre 1990 y 2008 se realizaron los levantamientos topográficos en la ruta establecida, mientras que el plan de desarrollo operativo se suscribió en 2011. Los estudios de impacto ambiental se efectuaron entre mayo de 2011 y octubre de 2014, momento en el que la construcción fue aprobada y se iniciaron los trabajos, que en un principio demandaron un presupuesto de poco más de 60.000 millones de euros.

HYPERLOOP (POR UN TÚNEL DE VACÍO)

La idea de combinar altas velocidades con comodidad y confort para los pasajeros motivó al multimillonario Elon Musk a desarrollar su propio concepto futurista de un sistema de transporte denominado Hyperloop. Con esta tecnología sería posible conectar las grandes ciudades de América del Norte con una red de trenes de alta velocidad que viajarían por tubos de vacío, bajo la superficie. Musk es uno de los fundadores de la firma PayPal y de Tesla Motors, creadora de uno de los primeros vehículos eléctricos, además de ejercer la presidencia de Space X, una empresa que fomenta viajes privados al espacio. Con Hyperloop, este magnate de las tecnologías pretende revolucionar el transporte en masa con un sistema que será dos veces más rápido que el avión, independientemente del clima y con un porcentaje de riesgos y accidentes prácticamente nulo. «El sistema es inmune al viento, la lluvia, la niebla y el hielo, y en caso de un terremoto, aplicaría sus propios frenos de emergencia», explicó Musk durante la presentación del proyecto en 2013.

Hyperloop utilizará una tecnología de propulsión inédita, basada en aire a baja presión y un campo magnético. Las cápsulas para el transporte circularán por tubos con aire a baja presión, de modo que puedan levitar sobre un colchón de aire. El morro de cada cápsula contendrá un compresor eléctrico para transferir aire a alta presión desde la trompa hacia la cola. El compresor brindará levitación y, en menor grado, propulsión. El sistema de propulsión incluye baterías, compresor, refrigerante y otros componentes electrónicos. Se estima que en su fase final cada cápsula alcanzará los 1.200 km/h, una velocidad mucho mayor que la de cualquier avión actual, para realizar trayectos cortos. El proyecto comprende dos tipos de cápsulas: una con capacidad para 28 pasajeros y otra que además pueda transportar vehículos. El interior de las cápsulas consta de asientos, sistemas de seguridad, compartimentos para equipaje y pantallas de entretenimiento.

Según Musk, con Hyperloop será posible recorrer los 650 km que separan San Francisco de Los Ángeles en solo 35 minutos, y el costo para emplazar la línea rondaría los 5.200 millones de euros, una cifra mucho menor que los casi 60.000 millones de euros que

Según Musk, con Hyperloop será posible recorrer los 650 km que separan San Francisco de Los Ángeles en solo 35 minutos.

requiere la construcción de una línea de alta velocidad entre esas dos ciudades. Con un organigrama tentativo, las cápsulas entre San Francisco y Los Ángeles partirían cada 30 segundos en horas pico, y cada 2 minutos el resto del tiempo, y circularán a una distancia media entre cada cápsula de 37 km. Musk asegura que el sistema tendrá capacidad para transportar 840 pasajeros por hora, lo cual sumaría unos 7,4 millones de viajeros al año en cada sentido. Por otro lado, el magnate garantiza que el precio del tique será menos costoso que el de un trayecto equivalente de avión. Sin embargo, pese a que ya se han realizado algunas pruebas que resultaron satisfactorias –a escala reducida–, para poder comprobar los beneficios de Hyperloop será necesario esperar como mínimo una década.

EL T-FLIGHT CHINO
(MAGLEV + TÚNEL DE VACÍO)

Cuando se trata de operar comercialmente en un país tan grande como China, todo aquello que reduzca los tiempos de viaje es bueno para los negocios. La República Popular China planea duplicar el tamaño de su red ferroviaria en los próximos años. Por lo pronto, ya confirmó sus planes para construir un enlace de alta velocidad que llegue hasta Moscú, estimado en 225.000 millones de euros. El viaje en tren desde Beijing hasta Guangzhou es el recorrido de alta velocidad más largo del mundo: 2.298 km, que se realizan en 8 horas, en lugar de las 20 que demanda el ferrocarril convencional. Este dato ejemplifica el interés de China en la alta velocidad y en las innovaciones tecnológicas para aumentarla de forma rotunda.

Pero, como vimos, la alta velocidad tiene un enemigo: la fricción del aire, que aumenta exponencialmente cuanto más rápido vamos. Siguiendo los pasos de los ensayos y las pruebas realizados en Estados Unidos con Hyperloop, la Universidad de Jiao Tong ha experimentado con la tecnología de tubo de vacío. Investigadores de todo el mundo aseguran que si se coloca un tren en un tubo de vacío y se lo eleva de las vías mediante levitación magnética, la resistencia podría reducirse casi a cero. De la misma manera, muchos de los que apoyan esta teoría también afirman que, de

conseguirse semejante logro, un transporte público viable demandaría mucho más que experimentos. Primero, el sistema tiene que
ser construido, luego contar con una automatización que permita
controlar los riesgos y –lo más importante– tiene que evitar toda
preocupación por los altos costos de fabricación.

Un primer paso hacia ese futuro se dio a finales de 2018 cuando,
luego de los resultados iniciales de Hyperloop con sus pruebas en
el desierto de Nevada, el gigante asiático no quiso quedarse atrás
y presentó un proyecto, T-Flight («tren volador»), capaz de quin-
tuplicar la velocidad de los aviones comerciales. Este se encuentra
a cargo de Aerospace Science and Industry Corporation (CASIC,
propiedad del Estado chino), en colaboración con el fabricante de
vehículos Geely. CASIC se especializa en la fabricación de todo
tipo de maquinaria, desde camiones hasta cohetes, por lo cual no
sorprende que T-Flight pueda alcanzar altas velocidades, como se
anunció en el canal de noticias China News Service.

En la presentación se afirmó que ambos conglomerados fabriles
trabajan en un sistema que pueda transportar trenes a una velocidad máxima de 1.000 km/h y que están en estudio otras tecnologías que en el futuro podrían hacer que las formaciones alcancen los
4.000 km/h. En el comunicado que las empresas dieron a conocer
para ampliar detalles aseguraron que «las tecnologías desarrolladas
a través de la realización del proyecto ayudarán a Geely a avanzar en
el ámbito de los vehículos de nuevas energías, en la seguridad auto-
motriz y en la ciencia de materiales nuevos». Se sabe que CASIC
cuenta con 200 patentes específicas relacionadas con este proyecto,
aunque por otro lado surgen muchas dudas sobre su concreción, en
especial las vinculadas con el comportamiento del cuerpo humano,
porque aún no se sabe si las personas están preparadas para soportar las presiones que se alcanzarán a tales velocidades. «La aceleración del vehículo será más lenta que la de un avión al despegar para
que los pasajeros puedan despreocuparse por la seguridad», declaró
Mao Kai, ingeniero jefe de CASIC.

Hasta el momento, nadie aventura una fecha para el lanza-
miento de T-Flight pero, cuando comience a operar, los ingenieros
estiman que será cinco veces más rápido que los aviones comerciales y que su red podría extenderse a otros países de la región.

EL FUTURO DEL TRANSPORTE MASIVO

¿Posible o fantástico?

Nuevas tecnologías se ponen a prueba para conseguir una manera de viajar rápida y cómoda. Nadie puede afirmar si en algunos años contaremos con auténticas «balas sobre rieles», capaces de alcanzar velocidades de varios centenares de kilómetros por hora, sin embargo las posibilidades actuales lo muestran como algo alcanzable.

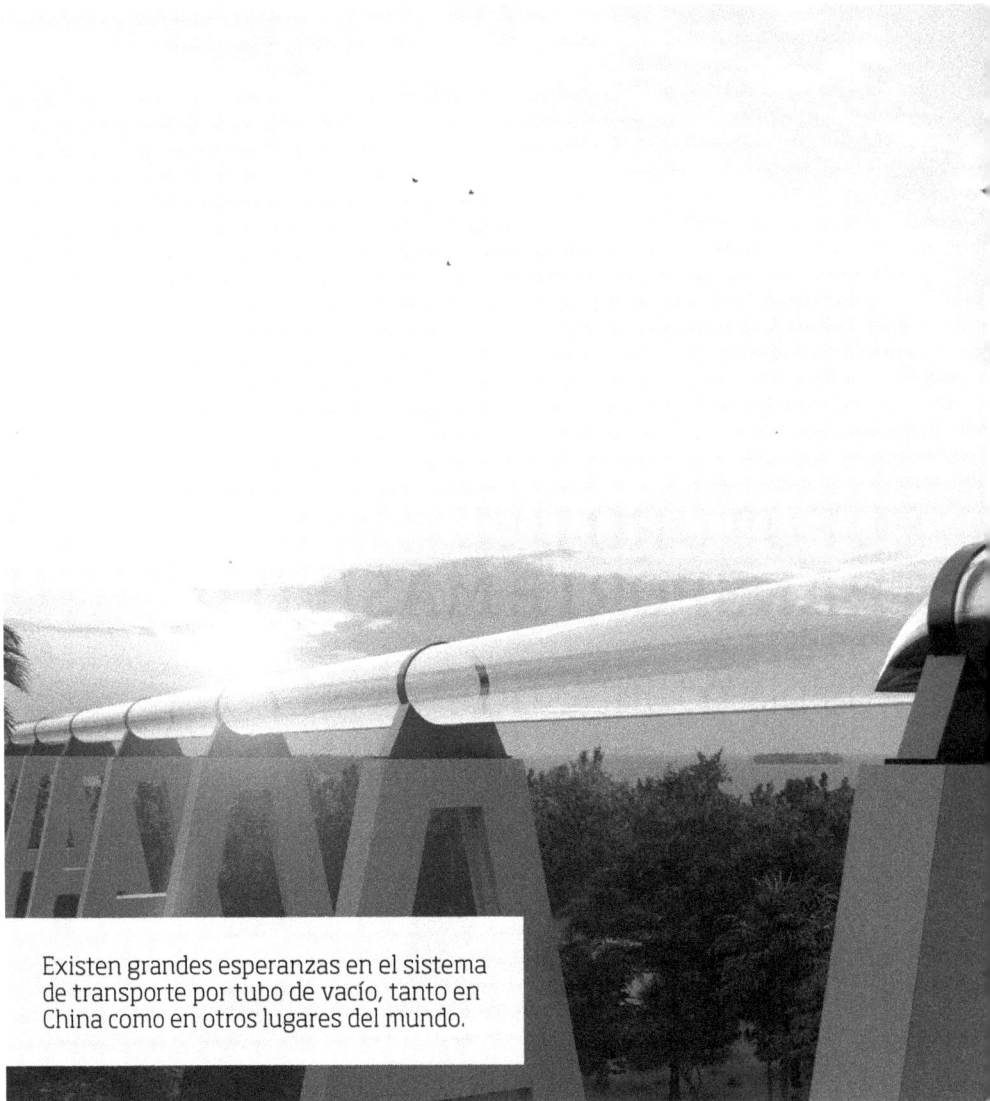

Existen grandes esperanzas en el sistema de transporte por tubo de vacío, tanto en China como en otros lugares del mundo.

¿Qué tan rápido viajarán los trenes en el futuro? En materia ferroviaria, la tecnología no parece haber cambiado mucho en las últimas décadas. Hemos visto cómo, hasta el momento, la velocidad máxima de los trenes convencionales –el récord del híbrido TGV POS/AGV de 2007, con 574,8 km/h– apenas fue superada por una tecnología completamente diferente –la marca del SCMaglev de 2015, con 603 km/h–. Sin embargo, pese a los últimos avances en trenes de alta velocidad, todavía es utópico afirmar que las más importantes ciudades del mundo llegarán a estar conectadas por este medio de transporte. Con los actuales, es difícil determinar cuán cerca –o cuán lejos– estamos de dar el gran salto. Nadie

sabe cuándo veremos verdaderas «balas sobre rieles» capaces de alcanzar velocidades de varios centenares de kilómetros por hora.

Además del sistema de transporte por tubo de vacío, tanto en China como en otros lugares del mundo se evalúan muchos otros intentos por descubrir una tecnología que permita viajar extremadamente rápido. Toda nueva tecnología será más costosa que las actuales, y por eso los expertos se preguntan: ¿cuánta velocidad extra vale la pena esa inversión?

En esta etapa, la combinación de tecnologías de levitación magnética y de vacío fue mucho más onerosa que la del tren de alta velocidad tradicional. «Si se pudiera lograr un tubo de vacío en una

El próximo objetivo de SkyTran es ensayar un sistema de conmutación para evaluar si las cápsulas pueden cambiar de una pista elevada a otra.

larga distancia, obtendríamos un reto de ingeniería significativo», sostienen los expertos. Aunque también se presenta la cuestión de la seguridad. ¿Cómo serían evacuados los pasajeros si el tren tuviera dificultades? O ¿cómo accederían los servicios de emergencia? Pese a todas estas dudas, los desafíos y las nuevas propuestas siempre se actualizan.

CÁPSULAS SKYTRAN

Parecen coches voladores salidos de una película de ciencia ficción, pero en realidad se trata de un medio de transporte en desarrollo que podría hacerse realidad en poco tiempo. El proyecto se denomina SkyTran y se encuentra en una exhaustiva fase de pruebas en la pista de la empresa creada para tal fin, con sede en Irvine, California. La investigación se lleva adelante con el aporte de Israel Aerospace Industries (IAI) y utiliza tecnología gestada en el Centro de Investigación Ames de la NASA (California). Cada SkyTran, bautizado popularmente como «taxi volador», se impulsa por levitación magnética, anclado a una especie de red de vías suspendidas varios metros sobre la superficie. Los rieles, de aluminio, tienen un motor que hace girar un imán ubicado en la cápsula de transporte y lo impulsa hacia adelante. Como las cápsulas son controladas desde un ordenador central, son autónomas y no necesitan un conductor.

La compañía espera tener un producto comercial en el mercado antes de 2022, luego de recaudar los fondos necesarios de los inversores, como hizo en los últimos cinco años. Debido a que el gobierno de Israel es uno de los mayores interesados en el proyecto, SkyTran ya tiene precontratos firmados para instalar el sistema en ciudades como Eilat, Netanya, Herzliya y Raanana. Durante 2018, la compañía realizó una demostración de su cápsula

de transporte en un predio de las Industrias Aeroespaciales de Israel, cerca del Aeropuerto Ben-Gurión, donde hizo levitar un vehículo de 720 kg y lo transportó a 70 km/h durante más de una hora, colgado de una red de rieles suspendidos aproximadamente a 9 m del suelo.

El próximo objetivo de SkyTran es ensayar un sistema de conmutación para evaluar si las cápsulas pueden cambiar de una pista elevada a otra y alinearse correctamente de manera que los pasajeros puedan desembarcar al llegar a destino. Para ello, configuraron un par de instalaciones especiales de pruebas en México y Texas, además de un sitio de desarrollo de media escala adicional que funciona en una instalación de la NASA, en California. La compañía que ideó este nuevo medio de transporte asegura que «todo el sistema se puede configurar con una décima parte del costo de un tren ligero o la centésima parte de lo que saldría construir un metro».

EVACUATED TUBE TRANSPORT

Daryl Oster quiere cambiar el mundo haciéndolo más pequeño. Este ingeniero mecánico, con experiencia en ramas como la aeronáutica y la marina, y que también es agricultor y trabaja en la creencia de que «el transporte debe ser limpio, verde, rápido, cómodo y accesible para todos», tiene un sueño. Imagina a personas que viven en la cálida y soleada ciudad de Los Ángeles y se trasladan diariamente a Nueva York para trabajar luego de un viaje de solo… 45 minutos. También anhela darse el gusto de saborear comida china en su casa californiana luego de comprarla directamente en un restaurante… de Beijing.

Su propuesta para mejorar –y acelerar– el transporte de larga distancia se denomina oficialmente ETT (Evacuated Tube Transport). Se trata de pequeñas y livianas cápsulas que se desplazarían con la misma tecnología que mueve a los maglev, por un tubo de vacío de largo recorrido y a una velocidad de 6.400 km/h. La tecnología ETT necesita que el efecto de levitación se maximice dentro de un tubo guía al que se le aspire todo el aire. Al igual que en los vehículos maglev, los motores eléctricos lineales en el carril utilizarán la atracción y la repulsión entre la vía y la cápsula, de manera coordinada, para impulsarla hacia adelante. Como en el tubo no habrá resistencia, una vez que el vehículo se acelere, podrá deslizarse. El ETT no solo carece de motor sino que, como puede desplazarse casi indefinidamente a través del vacío, aprovecha al máximo aquella ley de Isaac Newton que reza: un objeto en movimiento permanece en movimiento… hasta que alguien toque los frenos. De concretarse, al poder alcanzar una velocidad máxima de 6.400 km/h, es viable estimar que un viaje desde Washington DC hasta Beijing tomaría tan solo unas dos horas.

Cada cápsula tiene las dimensiones justas para caber en un tubo de 1,5 m de diámetro y capacidad para seis pasajeros. También pueden transportar carga con un peso aproximado de 180 kg. «Como los vehículos de transporte son livianos –explica Oster–, los tubos pueden construirse de forma liviana, con materiales mínimos. Si tenemos en cuenta que una locomotora de tren pesa 100 toneladas, se necesitan 35 veces más materiales de infraestructura por kilómetro para construir tubos de vacío que trasladen trenes masivos.»

De concretarse, el proyecto ETT permitiría realizar el viaje desde Washington DC hasta Beijing en solo dos horas.

El proyecto, que aún no superó su fase de diseño, podría costar una décima parte de lo que demandaría un tren de alta velocidad, con diez veces su capacidad, o una cuarta parte de lo que costaría hacer una autopista, donde obviamente sería imposible viajar a 6.400 km/h. Veremos si algún día el sueño de Daryl Oster se hace realidad.

EL CLIP-AIR

El proyecto Clip-Air es un nuevo y revolucionario concepto de transporte, audaz e inteligente. Un medio de locomoción que nos introduce en las necesidades del transporte del mañana, mucho más flexible, más eficiente y con menor consumo de energía. Se trata de un reto tecnológico factible, aunque con implicaciones que van más allá del sector de la aviación.

El Clip-Air, además de tiempo, ahorraría bastante dinero, ya que no serían necesarios otros medios de transporte para llegar a destino. Los pasajeros no deberían preocuparse por conseguir un taxi para ir del aeropuerto a la ciudad. El avión modular, convertido en tren, podría transportarlos a cualquier destino dentro de la red ferroviaria.

Desde su aparición, los aviones de transporte contribuyeron a la comunicación y el comercio, pero poseen limitaciones. Transportan grandes cantidades de carga o de pasajeros, pero solo hasta el aeropuerto; luego comienza el difícil proceso de trasladar o distribuir personas, o mercaderías, a las ciudades mediante trenes, camiones, coches, etc. Por ello, en la Escuela Politécnica Federal de Lausana (Suiza) surgió una nueva propuesta: Clip-Air, un avión modular que se convierte en tren para llegar al centro de las ciudades sin necesidad de realizar un trasbordo de pasajeros ni de mercaderías. Si bien por ahora es solo un concepto, se trata de un proyecto viable.

144

Clip-Air tiene dos componentes: el elemento que vuela (estructura, cabina y motores) y las cápsulas o contendedores desmontables (cabina de pasajeros, depósitos de carga y de combustible). El componente de vuelo y las cápsulas individuales pueden separarse y combinarse de diferentes maneras. Cada contenedor, que se desprende del cuerpo principal una vez que aterriza, es del tamaño de un vagón o del fuselaje de un Airbus 320 (unos 30 m de largo) y puede soportar 30 toneladas de peso y albergar hasta 150 pasajeros. Como estos cilindros autónomos contienen ruedas, cada contenedor termina convirtiéndose en un vagón de tren que va directo a las vías, y desde allí puede dirigirse al sitio que se desee, sin tener que retirar la carga del compartimento u obligar a los pasajeros a levantarse de sus asientos. Así, la aeronave se expone a un tiempo de carga y de descarga mucho

menor, y alterna diferentes configuraciones en cada vuelo, ya sea para pasajeros, para carga o ambos.

El sistema, además de tiempo, ahorraría bastante dinero, ya que no serían necesarios otros medios de transporte para llegar a destino. En el caso de los pasajeros, no deberían preocuparse por conseguir un taxi para ir del aeropuerto a la ciudad, y mucho menos buscar una combinación desde la ciudad donde aterrizaron hasta su lugar de origen. El avión modular, convertido en tren, podría transportarlos a cualquier destino dentro de la red ferroviaria.

En la Escuela Politécnica Federal de Lausana creen que Clip-Air puede ser viable, aunque no sería sencillo ponerlo en práctica. Habría que diseñar aviones desde cero, mucho más grandes que los actuales, para transportar varios vagones. También habría que implementar medidas de seguridad extras para que no se suelten los anclajes de los módulos en pleno vuelo. Del mismo modo, habría que reestructurar los aeropuertos para conectarlos con las vías de tren (aunque muchos ya disponen de esa infraestructura). De concretarse esta idea, compleja y ambiciosa, el avión modular que se convierte en tren mejoraría sustancialmente el transporte global de personas y mercaderías.

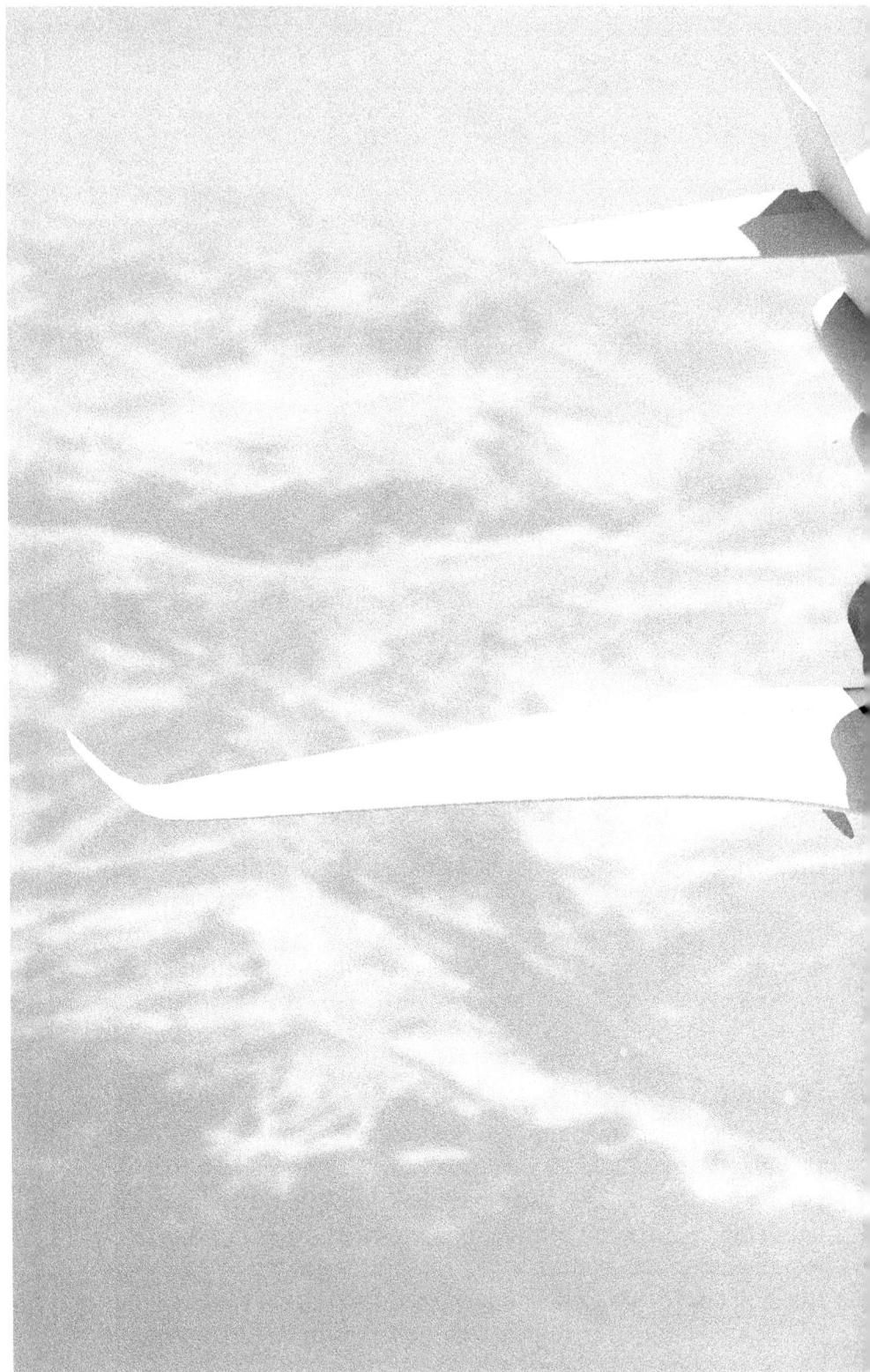

GLOSARIO

Bobina. Componente de un circuito eléctrico formado por un hilo conductor aislado y arrollado repetidamente, en forma variable según su uso.

Bogie. Conjunto de dos pares de ruedas, montados sobre sendos ejes próximos, paralelos y solidarios entre sí, que se utilizan en los extremos de los vehículos de gran longitud que están destinados a circular sobre carriles.

Catenaria. Conjunto de cables aéreos de alimentación que transmiten energía eléctrica al motor de las locomotoras u otros vehículos similares. Puede también conocerse bajo la expresión *línea aérea de contacto*.

Diésel. Este combustible, también conocido como gasóleo o gasoil, se obtiene a partir de la destilación y la purificación del petróleo crudo. Funciona en motores de combustión interna donde, por la elevada temperatura que registra el aire comprimido en su cilindro, se autoinflama cuando es inyectado en la cámara.

Electrólisis. Proceso químico por medio del cual una sustancia o un cuerpo inmersos en una disolución se descomponen por la acción de una corriente eléctrica continua.

Estator. Parte fija de una máquina rotativa y uno de los dos elementos fundamentales para la transmisión de potencia (en el caso de motores eléctricos) o corriente eléctrica (en el caso de los generadores eléctricos); el rotor es su contraparte móvil.

Levitar. Acción involuntaria donde un cuerpo flota en el aire a raíz de una fuerza extraña (como podría ser el magnetismo), sin la ayuda de otros objetos para sostenerse.

Pantógrafo. Dispositivo que tienen en su parte superior los trenes eléctricos y otros vehículos para la toma de energía eléctrica del tendido aéreo.

Pendulación. Movimiento que realiza un tren al inclinarse en las curvas y que le permite tomarlas a mayor velocidad. Cuando el vehículo alcanza una curva con velocidad, en su interior los objetos experimentan el efecto de la fuerza centrífuga y reaccionan hacia el sentido contrario debido a la fuerza centrípeta. Los trenes pendulares están diseñados para contrarrestar este efecto. En una curva hacia la izquierda, el tren «pendula» a la izquierda para compensar la fuerza g (producto de la inercia) que empuja hacia la derecha, y viceversa.

Rotor. Componente que gira (o rota) en una máquina, motor o generador eléctrico. Está formado por un eje que soporta un juego de bobinas arrolladas sobre un núcleo magnético que gira dentro de un campo magnético creado por un imán o por el paso por otro juego de bobinas, arrolladas sobre unas piezas polares, que permanecen estáticas y que constituyen lo que se denomina estator de una corriente continua o alterna, dependiendo del tipo de máquina de que se trate.

Superconductividad. Propiedad de algunos materiales que, en condiciones específicas, pueden conducir electricidad sin que se produzca pérdida energética ni se ejerza resistencia.

Superconductor. Calificación que reciben aquellos materiales que, al ser enfriados, dejan de ejercer resistencia al paso de la corriente eléctrica.

Torque. Concepto que puede definirse como «par motor» y alude al momento dinámico que ejerce un motor sobre el eje de transmisión de la potencia. La potencia del par motor (o torque) es proporcional a la velocidad angular del mencionado eje.

Tráiler. Tipo de remolque cuya parte delantera se apoya y articula sobre el vehículo tractor, tal como sucede con un vagón detrás de la locomotora.

Trocha. Medida de separación existente entre los rieles de la vía de un tren. La medición se realiza entre sus partes internas.

BIBLIOGRAFÍA RECOMENDADA

◦ Albisser, René. **La evolución de los trenes** [https://bit.ly/2Sdssk7].

◦ Arbuckle, Alex. **1963-1980 The Aérotrain** [https://bit.ly/2RYs3Sd].

◦ Bejerano, Pablo G. **Maglev: cómo funcionan los trenes de levitación magnética** [https://bit.ly/3bv61hA].

◦ Cripps, Karla. **China revela prototipo de tren Maglev que va a 600 km/h** [https://cnn.it/2VtMCIt].

◦ Del Pozo, Marcelo. **China desafía al Hyperloop con sus propios trenes supersónicos** [https://bit.ly/3bs99e9].

◦ Dittmer, Michael. **El futuro de los viajes, lo construimos hoy** [https://bit.ly/2RYppfo].

◦ DW.Com. **Coradia iLint, arranca el primer tren cero emisiones en Alemania** [https://bit.ly/2KqPWO6].

◦ Fleta, Cecilia. **Se estrella el tren más moderno del mundo** [https://bit.ly/3cGoSqr].

◦ Hergoros, S. L. **Os presentamos el tren del futuro: Hyperloop** [https://bit.ly/2RWV54B].

◦ JapanRailPass. **Trenes balas Shinkansen** [https://bit.ly/2zlGXvw].

◦ Japonismo. **El Shinkansen E5, el tren bala más rápido de Japón** [https://bit.ly/3eERQZq].

◦ McCurry, Justin. **Japan's maglev train breaks world speed record with 600km/h test run** [https://bit.ly/3eMsIAf].

◦ Murray, Peter. **El ETT podría revolucionar la forma en que viajamos** [https://bit.ly/2KoZycd].

◦ Northeast Maglev. **Innovación de transportación: historia de Maglev en el mundo** [https://bit.ly/2KquHMA].

◦ Pascual, Juan Antonio. **Clip-Air, el avión modular que se convierte en tren** [https://bit.ly/3cBUHAv].

- Perren, Gabriel. **Estudio de las aplicaciones prácticas de la levitación magnética** [https://bit.ly/2RTrbOM].

- Puente, Fernando. **Francia acelera hasta los 574 Km/h** [https://bit.ly/2VR89Kb].

- Railway Gazette. **China poised to open 350 km/h automated railway** [https://bit.ly/2zd1Vwn].

- Railway Tecnology. **CRH380A High Speed Train** [https://bit.ly/2yytj7M].

- Sanabria, Alejandro y Enrique García. **Historia y evolución del ferrocarril** [https://bit.ly/2wXqlt4].

- Serrano, Jorge. **SkyTran o «taxis voladores», la solución a los atascos** [https://bit.ly/2VpqOxw].

- Shanghai Maglev Transportation Development Co. Ltd. **Shanghai Maglev** [https://bit.ly/2RZqsvv].

- We Built Value. **Japan's new bet on its record-setting train** [https://bit.ly/2RWryZ2].

TÍTULOS DE LA COLECCIÓN